콕콕 짚어주는 집중 트레이닝

日本語 번역
실무연습

머리말

　번역은 이제 우리 생활의 일부라고 해도 될 만큼 점점 일상화되어 가고 있다. 큰 서점의 문학 코너에 가면 일본 소설이나 일본 문화 관련 번역서가 베스트셀러의 공간에 들어 앉아, 우리들의 독서 욕구를 자극하기도 한다. 이러한 모습이 전혀 이상하지 않은 시대에 우리는 살고 있다. 이 책을 펴내는 중요한 목적도 이러한 시대를 사는 사람들이 번역 공부를 하는 데 좋은 길잡이가 되었으면 하는 바람에서 비롯된다.

　이 책은 1부, 2부, 3부로 나누어 엮었다. 무엇보다 이 책의 가장 뚜렷한 특징은 한국인이 잘못 번역하기 쉬운 표현이나 번역에 있어서 주의해야 할 문장을 별도로 지정하여 <중요한 번역 포인트>에서 자세한 해설을 하였다는 점이다. 이는 기존에 출간된 다른 교재와의 차별성이다.

　먼저 1부는 번역 공부의 효율을 높이기 위해 텍스트의 난이도에 따라서, 초급, 중급, 고급으로 나누었다. 초급에는 5편의 옛날이야기를 배치하여 재미와 수준을 고려하였다. 중급에는 일본 학생과 한국 학생이 쓴 글인 수필 2편, 그리고 시와 소설을 배치하였다. 한국과 일본의 양국 문화에 대한 이해와 함께, 문학 작품에 대한 번역 연습을 고려하였다. 고급에는 잘 알려진 소설가의 작품 2편과 전문가의 글을 배치하여 수준 높은 문학 작품 번역과 함께, 요즘 회자되는 '한류'와 '고령화'에 관한 학자들의 글을 읽게 하였다. 이러한 구성은 원문의 난이도를 고려하였을 뿐만 아니라, 다양한 글을 소개하여 번역 연습의 효과를 극대화하려는 의도에서 비롯되었다.

　2부에는 지은이가 지금까지 번역 출간한 책 중에서, 번역 연습에 도움이 될 만하다고 판단되는 문장들을 모아서, 원문과 우리말 번역을 동시에 실었다. 3부에는 더 깊게 더 많이 번역 공부를 하고자 하는 사람들을 위해 지은이가 지금까지 출간한 주요 번역서의 목록을 제시하였다. 참고가 되길 바란다.

　끝으로 이 책이 나오기까지 책 출간의 목적을 이해하고 여러 가지로 애써주신 시사일본어사 편집부에 감사드린다. 또한 원고 인용을 허락해주신 오가와 타케오(小川全夫) 교수와 오오노 슌(大野俊) 교수, 그리고 고 아이미(高愛美) 씨와 김효진 씨에게도 고맙다는 인사를 한다.

　독자 여러분의 넉넉한 질정을 기다린다.

2013년 여름

초안산 기슭 연구실에서 오석륜

구성과 특징

번역의 원문 바로 오른 쪽에 원문을 보면서
직접 번역할 수 있는 페이지로 구성하였습니다.

번역 지문

번역 공부의 효율을 높이기 위해 본문의 난이도에 따라서, 초급, 중급, 고급으로 나누었습니다. 초급에는 5편의 옛날 이야기, 중급에는 일본 학생과 한국 학생이 쓴 글인 수필 2편, 그리고 시와 소설, 고급에는 잘 알려진 소설가의 작품 2편과 전문가의 글을 배치하여 수준 높은 문학 작품 번역과 함께, 요즘 회자되는 '한류'와 '고령화'에 관한 학자들의 글을 읽게 하였습니다.

〈중요한 번역 포인트〉에서 설명하는 부분은
다른 지문과 구별되는 색과 번호를 기입하여
학습시 도움이 되도록 하였습니다.

어구 및 문형 연습 /
중요한 번역 포인트

지문에 나온 어구 및 문형의 자세한 뜻과 번역 할 때 특히 주의해야 할 번역 포인트를 자세하게 설명하였습니다.

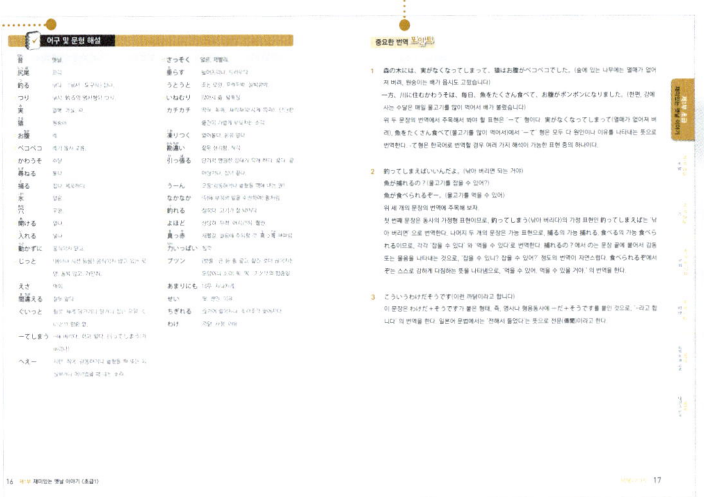

4

모범 번역

모범이 되는 번역문을 일본어 원문과 함께 비교해 가며 확인 할 수 있도록 구성하였습니다.

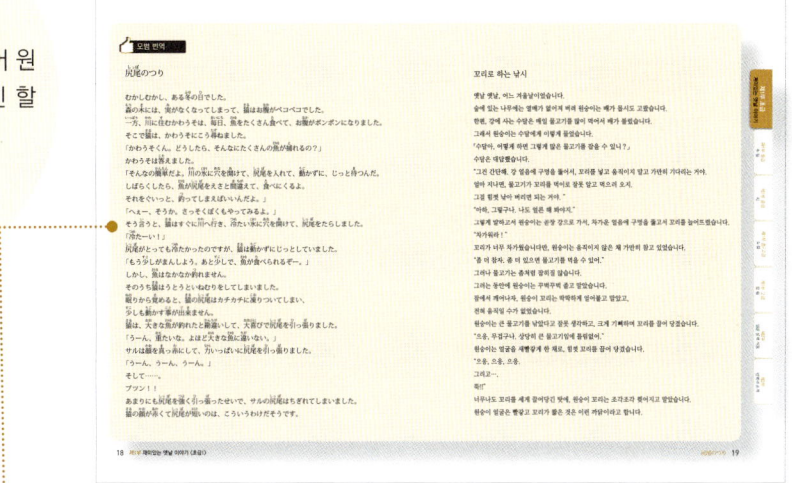

모범 번역의 원문에는 한자의 독음을 달아 사전 없이도 학습이 가능하도록 하였습니다.

목 차

머리말 03
구성과 특징 04
좋은 번역, 어떻게 해야 할 것인가? 09

제1부

재미있는 옛날 이야기 〈초급1~초급5〉
· 尻尾のつり 14
· 白いおうぎと黒いおうぎ 20
· 来年のことを言うと鬼が笑う 30
· 五分次郎 36
· なまけ者と貧乏神 46

수필 〈중급1~중급2〉
· 韓国に来て感じたこと 60
· 言葉のニュアンス 66

시 〈중급3~중급5〉
· 素朴な琴 76
· 竹 82
· レモン哀歌 88

소설 〈중급6~고급2〉
· 注文の多い料理店 94
· 一房の葡萄 110
· 鼻 120

칼럼 〈고급3~고급4〉
· 日本における「韓流」と韓国における「日流」 132
· 日中韓の共通社会問題と経験の共有ー高齢化を中心に 142

제2부

한국에 출판된 주요 일본문학작품의 번역, 그 실제 사례

1. 나쓰메 소세키(夏目漱石) ─ 草枕 (풀 베개) 154
　　　　　　　　　　　 ─ 十夜夢 (열흘 밤의 꿈) 156
　　　　　　　　　　　 ─ 坊っちゃん (도련님) 158
　　　　　　　　　　　 ─ 一夜 (하룻밤) 160

2. 아쿠타가와 류노스케(芥川竜之介) ─ 或阿保の一生 (어느 바보의 일생) 162
　　　　　　　　　　　　　　　　 ─ 歯車 (톱니바퀴) 164
　　　　　　　　　　　　　　　　 ─ 鼻 (코) 166

3. 아리시마 타케오(有島武郎) ─ カインの末裔 (카인의 후예) 168

4. 기쿠치 칸(菊池寛) ─ 第二の接吻 (2번째 키스) 170

5. 다야마 카타이(田山花袋) ─ 少女病 (소녀병) 172

6. 하야시 후미코(林芙美子) ─ 晩菊 (철 늦은 국화) 174

제3부

오석륜 교수가 한국에 소개한 일본문학과 일본문화 관련 주요 번역서 목록 177

좋은 번역,
어떻게 해야 할 것인가?

좋은 번역, 어떻게 해야 할 것인가?

1 사전을 적극적으로 찾는 습관을 가져라.

일본어를 번역하는 사람들이 의외로 사전을 자주 찾지 않는 경우가 많다. 으레 그런 뜻이겠지 하고 단정해 버리는 습관은 오역을 초래하는 가장 잘못된 습관 중의 하나이다. 그 단어의 가장 기본적인 의미를 안다는 것은 매우 중요한 작업 중의 하나이다. 의역이라는 것도 그 단어나 문장을 정확하게 파악한 후에 가능한 것이다. 사전을 꼼꼼하게 찾으면 의외로 정확하게 공부하는 습관으로 이어진다. 일한사전이건 일일사전이건 적극적으로 찾아라. 나는 종이로 된 사전을 권한다. 학습효과가 훨씬 커질 것이다. 특히 예문을 확인하는 습관을 가져라. 그 단어나 문장에 대한 지식이 든든해진다.

2 일본어에만 있는 표현,
혹은 일본어만의 특징을 나타내는 표현을 정확히 알고 있어라.

우리말과 비교했을 때, 일본어에만 있는 표현 혹은 일본어만의 특징을 나타내는 표현이 나왔을 때는 번역이 난감해지는 경우가 많이 발생한다. 대표적으로 일본어 동사 표현과 관련하여, 수수동사, 조건 혹은 가정, 자동사의 수동형, 사역 수동 등이 바로 그것이다. 그 의미를 제대로 알고 있어도, 이들 표현은 일본어만의 특징을 잘 보여주는 것이기 때문에, 특히 신경 써서 번역하여야 한다. 그 외에도 겸양어를 포함한 경어나 수동형 문장도 번역이 쉽지 않은 표현이다. 많은 문장을 접하는 것이 번역에 대한 두려움을 없애줄 것이다.

3 한자, 한문에 대한 지식을 넓혀라.

일본어 번역은 어떤 텍스트를 번역하느냐에 따라서 일본어 이외에 다양한 주변 지식을 요구한다. 때로는 전문가에 준하는 지식을 요구하는 경우도 있다. 그럴 경우, 번역은 어려울 수밖에 없다. 그 전문분야에 대한 공부를 하면서 번역해야 한다. 그러나 그렇지 않은 경우, 가장 중요한 일본어 번역 능력의 하나는 한자 능력이다. 한자나 한문이 능숙한 사람이 일본어 문장을 더 잘 깊이 이해한다. 한자, 한문에도 친숙해져라. 일본어도 단어의 반 이상이 한자어이나. 그렇지 않은 순수한 일본어도 일본인들은 단어나 문장으로 쓸 때 한자로 쓰는 경우가 상당히 많다는 사실을 명심하라.

4 한국어 문장으로서의 완성도를 높여라.

  1) 번역을 제대로 했다고 판단되면, 원문을 보지 말고 번역된 우리말을 반드시 읽어보는 습관이 필요하다. 간혹 출판된 번역서나 번역 자료를 읽을 때, 짜증이 나서 읽기를 중단한 경우가 있다면, 한국어로서의 완성도가 떨어졌기 때문이다. 역으로 번역된 문장을 읽어가면서 간혹 일본어 원문보다 더한 감동으로 읽히는 경우도 있을 것이다. 그것은 바로 한국어 문장으로서의 완성도가 높은 것이다. 번역이 제2의 창작이라는 평가를 얻는 중요한 이유는 바로 여기에 있다.
  2) 풍부한 독서와 글쓰기를 즐겨라. 좋은 번역을 잘 할 수 있는 바탕이 될 것이다. 번역 과정에서 적절한 우리말이 떠오르지 않아 난처해진 경험은 누구에게나 있다. 평소 풍부한 독서와 글쓰기가 되어 있다면, 이런 경험은 훨씬 적어질 것이다. 풍부한 독서에서 풍부한 어휘력이 생기며, 그런 과정에서 자신도 모르는 상상력이 날개를 펼쳐 번역의 문장으로 스며드는 경험을 할 것이다. 그런 자만이 번역의 기쁨을 즐긴다.

5 번역 그 자체를 즐겨라.

  번역이 끝나면 나는 스스로에게 이렇게 묻는다. "번역이 즐거웠나" 라고. 만일 누군가가 나에게 어떤 사람이 가장 좋은 번역가가 될 수 있냐고 묻는다면, 나는 한 마디로 이렇게 대답할 것이다. "번역이 즐거운 사람" 이다. 번역이 즐거운 사람은 번역 과정에서 경험한 쓰라린 고통은 번역이 끝나면 모두 즐거움으로 바뀌는 체질을 갖고 있을 것이다. 물론 번역이 즐거운 사람이 되려면 앞에서 내가 얘기한 것에 대한 훈련과 학습이 된 사람이다.

제1부

재미있는
옛날 이야기
⟨초급1~초급5⟩

수필
⟨중급1~중급2⟩

시
⟨중급2~중급5⟩

소설
⟨중급6~고급2⟩

칼럼
⟨고급3~고급4⟩

제1부 재미있는 옛날 이야기 〈초급1〉

尻尾のつり

むかしむかし、ある冬の日でした。
1 森の木には、実がなくなってしまって、猿はお腹がペコペコでした。
1 一方、川に住むかわうそは、毎日、魚をたくさん食べて、お腹がポンポンになりました。
そこで猿は、かわうそにこう尋ねました。
「かわうそくん。どうしたら、そんなにたくさんの **2** 魚が捕れるの？」
かわうそは答えました。
「そんなの簡単だよ。川の氷に穴を開けて、尻尾を入れて、動かずに、じっと待つんだ。
しばらくしたら、魚が尻尾をえさと間違えて、食べにくるよ。
それをぐいっと、**2** 釣ってしまえばいいんだよ。」
「へぇー、そうか。さっそくぼくもやってみるよ。」
そう言うと、猿はすぐに川へ行き、冷たい氷に穴を開けて、尻尾をたらしました。
「冷たーい！」
尻尾がとっても冷たかったのですが、猿は動かずにじっとしていました。
「もう少しがまんしよう。あと少しで、**2** 魚が食べられるぞー。」
しかし、魚はなかなか釣れません。
そのうち猿はうとうといねむりをしてしまいました。
眠りから覚めると、猿の尻尾はカチカチに凍りついてしまい、少しも動かす事が出来ません。
猿は、大きな魚が釣れたと勘違いして、大喜びで尻尾を引っ張りました。
「うーん、重たいな。よほど大きな魚に違いない。」
サルは顔を真っ赤にして、力いっぱいに尻尾を引っ張りました。
「うーん、うーん、うーん。」
そして……。
ブツン！！
あまりにも尻尾を強く引っ張ったせいで、サルの尻尾はちぎれてしまいました。
猿の顔が赤くて尻尾が短いのは、**3** こういうわけだそうです。

번역 실무 연습

모범 번역 P.19

어구 및 문형 해설

昔	옛날.	さっそく	얼른. 재빨리.
尻尾	꼬리.	垂らす	늘어뜨리다. 드리우다.
釣る	낚다. (낚시・도구로) 잡다.	うとうと	조는 모양. 꾸벅꾸벅. 깜박깜박.
つり	낚시. 釣る의 명사형이 つり.	いねむり	앉아서 졺. 말뚝잠.
実	열매. 과실. 씨.	カチカチ	딱딱. 똑똑. 재깍재깍(시계 따위). 단단한 물건이 가볍게 부딪치는 소리.
猿	원숭이.		
お腹	배.	凍りつく	얼어붙다. 꽁꽁 얼다.
ペコペコ	배가 몹시 고픔.	勘違い	잘못 생각함. 착각.
かわうそ	수달.	引っ張る	당겨서 팽팽한 상태가 되게 하다. 끌다. 끌어당기다. 잡아 끌다.
尋ねる	묻다.		
捕る	잡다. 체포하다.	うーん	으응(감동하거나 놀랐을 때에 내는 말)
氷	얼음.	なかなか	(뒤에 부정의 말을 수반하여) 좀처럼.
穴	구멍.	釣れる	잡히다. 고기가 잘 낚이다.
開ける	열다.	よほど	상당히. 무척. 어지간히. 훨씬.
入れる	넣다.	真っ赤	새빨감. 발음에 주의할 것. 真っ青 새파람.
動かずに	움직이지 말고.	力いっぱい	힘껏.
じっと	(몸이나 시선 등을) 움직이지 않고 있는 모양. 꼼짝 않고. 가만히.	ブツン	(밧줄・끈 등 좀 굵고 질긴 것이 끊어지는 모양이나 소리) 뚝. 딱. ブツリ의 힘줌말.
えさ	먹이.	あまりにも	너무. 지나치게.
間違える	잘못 알다.	せい	탓. 원인. 이유.
ぐいっと	힘껏. 세게 당기거나 밀거나 잡는 모양. ぐいと의 힘줌 말.	ちぎれる	끊기어 떨어지다. 조각조각 찢어지다.
ーてしまう	−해 버리다. 하고 말다. 行ってしまう(가 버리다).	わけ	까닭. 사정. 이유.
へえー	저런, 허어. 감동하거나 놀랐을 때 또는 의심쩍거나 어이없을 때 내는 소리.		

중요한 번역 포인트

1. 森の木には、実がなくなってしまって、猿はお腹がペコペコでした。(숲에 있는 나무에는 열매가 없어져 버려, 원숭이는 배가 몹시도 고팠습니다)

   一方、川に住むかわうそは、毎日、魚をたくさん食べて、お腹がポンポンになりました。(한편, 강에 사는 수달은 매일 물고기를 많이 먹어서 배가 불렀습니다)

   위 두 문장의 번역에서 주목해서 봐야 할 표현은 '一て' 형이다. 実がなくなってしまって(열매가 없어셔 버려), 魚をたくさん食べて(물고기를 많이 먹어서)에서 '一て' 형은 모두 다 원인이나 이유를 나타내는 뜻으로 번역한다. -て형은 한국어로 번역할 경우 여러 가지 해석이 가능한 표현 중의 하나이다.

2. 釣ってしまえばいいんだよ。(낚아 버리면 되는 거야)
   魚が捕れるの？(물고기를 잡을 수 있어?)
   魚が食べられるぞー。(물고기를 먹을 수 있어)

   위 세 개의 문장의 번역에 주목해 보자.
   첫 번째 문장은 동사의 가정형 표현이므로, 釣ってしまう(낚아 버리다)의 가정 표현인 釣ってしまえば는 '낚아 버리면'으로 번역한다. 나머지 두 개의 문장은 가능 표현으로, 捕る의 가능 捕れる, 食べる의 가능 食べられる이므로, 각각 '잡을 수 있다'와 '먹을 수 있다'로 번역한다. 捕れるの？에서 の는 문장 끝에 붙어서 감동 또는 물음을 나타내는 것으로, '잡을 수 있니? 잡을 수 있어?' 정도의 번역이 자연스럽다. 食べられるぞ에서 ぞ는 스스로 강하게 다짐하는 뜻을 나타냄으로, '먹을 수 있어. 먹을 수 있을 거야.' 의 번역을 한다.

3. こういうわけだそうです(이런 까닭이라고 합니다)

   이 문장은 わけだ＋そうです가 붙은 형태, 즉, 명사나 형용동사에 ーだ＋そうです를 붙인 것으로, '-라고 합니다'의 번역을 한다. 일본어 문법에서는 '전해서 들었다'는 뜻으로 전문(傳聞)이라고 한다.

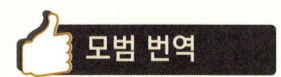

尻尾のつり

むかしむかし、ある冬の日でした。
森の木には、実がなくなってしまって、猿はお腹がペコペコでした。
一方、川に住むかわうそは、毎日、魚をたくさん食べて、お腹がポンポンになりました。
そこで猿は、かわうそにこう尋ねました。
「かわうそくん。どうしたら、そんなにたくさんの魚が捕れるの？」
かわうそは答えました。
「そんなの簡単だよ。川の氷に穴を開けて、尻尾を入れて、動かずに、じっと待つんだ。
しばらくしたら、魚が尻尾をえさと間違えて、食べにくるよ。
それをぐいっと、釣ってしまえばいいんだよ。」
「へぇー、そうか。さっそくぼくもやってみるよ。」
そう言うと、猿はすぐに川へ行き、冷たい氷に穴を開けて、尻尾をたらしました。
「冷たーい！」
尻尾がとっても冷たかったのですが、猿は動かずにじっとしていました。
「もう少しがまんしよう。あと少しで、魚が食べられるぞー。」
しかし、魚はなかなか釣れません。
そのうち猿はうとうといねむりをしてしまいました。
眠りから覚めると、猿の尻尾はカチカチに凍りついてしまい、
少しも動かす事が出来ません。
猿は、大きな魚が釣れたと勘違いして、大喜びで尻尾を引っ張りました。
「うーん、重たいな。よほど大きな魚に違いない。」
サルは顔を真っ赤にして、力いっぱいに尻尾を引っ張りました。
「うーん、うーん、うーん。」
そして……。
ブツン！！
あまりにも尻尾を強く引っ張ったせいで、サルの尻尾はちぎれてしまいました。
猿の顔が赤くて尻尾が短いのは、こういうわけだそうです。

꼬리로 하는 낚시

옛날 옛날, 어느 겨울날이었습니다.
숲에 있는 나무에는 열매가 없어져 버려 원숭이는 배가 몹시도 고팠습니다.
한편, 강에 사는 수달은 매일 물고기를 많이 먹어서 배가 불렀습니다.
그래서 원숭이는 수달에게 이렇게 물었습니다.
「수달아, 어떻게 하면 그렇게 많은 물고기를 잡을 수 있니?」
수달은 대답했습니다.
"그건 간단해. 강 얼음에 구멍을 뚫어서, 꼬리를 넣고 움직이지 말고 가만히 기다리는 거야.
얼마 지나면, 물고기가 꼬리를 먹이로 잘못 알고 먹으러 오지.
그걸 힘껏 낚아 버리면 되는 거야."
"아하, 그렇구나. 나도 얼른 해 봐야지."
그렇게 말하고서 원숭이는 곧장 강으로 가서, 차가운 얼음에 구멍을 뚫고서 꼬리를 늘어뜨렸습니다.
"차가워라!"
꼬리가 너무 차가웠습니다만, 원숭이는 움직이지 않은 채 가만히 참고 있었습니다.
"좀 더 참자. 좀 더 있으면 물고기를 먹을 수 있어."
그러나 물고기는 좀처럼 잡히질 않습니다.
그러는 동안에 원숭이는 꾸벅꾸벅 졸고 말았습니다.
잠에서 깨어나자, 원숭이 꼬리는 딱딱하게 얼어붙고 말았고,
전혀 움직일 수가 없었습니다.
원숭이는 큰 물고기를 낚았다고 잘못 생각하고, 크게 기뻐하며 꼬리를 끌어 당겼습니다.
"으응, 무겁구나. 상당히 큰 물고기임에 틀림없어."
원숭이는 얼굴을 새빨갛게 한 채로, 힘껏 꼬리를 끌어 당겼습니다.
"으응, 으응, 으응.
그리고….
뚝!!"
너무나도 꼬리를 세게 끌어당긴 탓에, 원숭이 꼬리는 조각조각 찢어지고 말았습니다.
원숭이 얼굴이 빨갛고 꼬리가 짧은 것은 이런 까닭이라고 합니다.

제1부 재미있는 옛날 이야기 〈초급2〉

白いおうぎと黒いおうぎ

　むかしむかし、ある村に、二人の姉妹がいました。
　お姉さんは色白できれいな顔をしているのに、妹の方は色黒ですこしもきれいではありませんでした。
　それで、お母さんは **1 色白できれいな顔**のお姉さんばかりを可愛がっていました。
　ある日、二人が一緒に道を歩いていると、向こうの方から馬に乗った男の人がやって来て聞きました。
　「この村のお宮へ行きたいのですが、どっちへ行けばいいのでしょうか？」
　この男の人はひげだらけの顔をしていて、汚れた着物を着ていました。
　(なんて汚いんでしょう。こんな人とは、口をきくのもいやだわ)
　そう思ったお姉さんは、聞こえないふりをしました。
でも、親切な妹は、「それでは、わたしが **2 案内してあげましょう。**」と、村はずれにあるお宮まで、男の人を連れて行ってあげたのです。
　二人がお宮の前まで来ると、男の人はふところから白いおうぎを出して言いました。
　「わたしは人間の姿をしているが、本当は山の神です。お前はまことに親切な娘です。お礼にこのおうぎであおいであげましょう。」
山の神さまが、白いおうぎで娘をあおぐと、色黒だった娘の顔が、みるみる **3 色白できれいになりました。**
　「きれいな顔になった。お前のうつくしい心には、その顔が似合っている。
…それにしても、お前の姉さんはひどい娘だ。わしの汚いかっこうを見て、**4 口をきこうともしなかった。** いくら色白できれいな顔をしていても、心はまっ黒だ。」
　そう言って、山の神さまはお宮の中へ消えて行きました。
　さて、妹が戻ってくると、お姉さんは目を丸くして驚きました。
　色が **1 黒くてみっともない顔**の妹が、見ちがえるほど、きれいになっていたからです。
　「どうして、そんなにきれいになったの？」
　美しさで負けたお姉さんは、くやしくてたまりません。

번역 실무 연습

제1부 재미있는 옛날 이야기 〈초급2〉

白いおうぎと黒いおうぎ

　そこで妹からわけを聞き出すと、すぐにお宮へ飛んで行きました。
「山の神さま、お願いです。どうかわたしも、おうぎであおいでください。」
　するとお宮の中から、山の神さまが出てきて言いました。
「そんなにあおいでほしいなら、のぞみ通りに **2 あおいでやろう。**」
　山の神さまはふところから黒いおうぎを取り出すと、お姉さんの顔をあおぎました。
　すると色白で美しかったお姉さんの顔はみるみる黒くなり、とてもひどい顔になったのです。
　でも、それを知らないお姉さんは、大喜びで妹のところへもどってきました。
「どう、わたし、すごくきれいになったでしょう？」
「……」
　妹は **5 何も言えなくて、**首を横にふりました。
「えっ？」
　お姉さんはあわてて近くにある池に行くと、水面に写った自分の顔を見ました。
　そこに写っているのは、色黒のみにくい顔だったのです。
「どうしよう、どうしよう。」
　お姉さんはすぐにお宮へ行って、元の顔にもどしてくれるように頼みました。
　でも山の神さまはどこへ消えたのか、その後、二度と姿を現しませんでした。
　さて、妹はそれからもますますきれいになって、その国のお殿さまのところに嫁ぎ、いつまでも幸せに暮らしたそうです。
　しかしお姉さんの方は、一生、色黒でみにくい顔だったということです。

번역 실무 연습

어구 및 문형 해설

おうぎ	부채.
色白(いろじろ)	살갗이 흼.
可愛(かわい)がる	귀여워하다. 애지중지하다.
やって来(く)る	(이리로) 오다. 다가오다. 찾아오다.
お宮(みや)	신사(神祀)의 공손한 말씨.
だらけ	…투성이.
なんて	얼마나. 대단히. 참.
口(くち)をきく	말을 하다. (중간에 들어) 주선하다. 소개하다.
ふり	그럴듯하게 꾸미는 시늉.
でも	그럴지라도. 그래도. 그렇더라도.
それでは	그럼. 그러면.
村(むら)はずれ	동구 밖. 마을의 변두리.
ふところ	입은 옷의 가슴께의 안쪽. 웃옷과 가슴과의 사이. 품.
まことに	참으로. 정말로. 실로. 매우.
お礼(れい)	사례(의 말). 사례의 선물.
あおぐ(扇ぐ、煽ぐ)	부채질하다. 부치다.
みるみる	금세. 순식간에.
似合(にあ)う	어울리다. 잘 맞다.
それにしても	(그건) 그렇다 치더라도.
かっこう	모습. 모양. 볼품.
まっ黒(くろ)	새까맘.
消(き)える	꺼지다. 사라지다.
さて	(다른 화제로 옮기는 기분을 나타냄) 그런데. (위의 글을 가볍게 받으며) 그리고. 그래서.
驚(おどろ)く	놀라다.
みっともない	보기 싫다. 꼴사납다. 꼴불견이다.
見(み)ちがえる	잘못 보다. 몰라보다. 착각하다.
負(ま)ける	지다.
悔(くや)しい	분하다.
たまらない	참을 수 없다. 견딜 수 없다.
そこで	그래서.
聞(き)き出(だ)す	캐물어서 알아내다. 듣기 시작하다.
どうか	(남에게 공손히 부탁하는 마음을 나타내는 말) 제발. 부디. 아무쪼록.
のぞみ	소망. 희망. 소원.
取(と)り出(だ)す	꺼내다.
えっ	(의외의 일로 놀라거나 의심할 때 내는 소리) 어. 앗. 뭐.
あわてる	(놀라서) 당황하다.
写(うつ)る	(속이) 비쳐 보이다. 찍히다.
みにくい	보기 흉한. 추악한.
二度(にど)と	(결코) 다시는. 두 번 다시. 二度(にど)とない機会(きかい)(두 번 다시 없는 기회)
ますます	더욱더. 점점 더.
殿(との)さま	(영주・귀인에 대한 존칭) 영주님.
嫁(とつ)ぐ	시집가다. 출가하다.

중요한 번역 포인트

1. 色白できれいな顔(살갗이 희고 예쁜 얼굴)

   黒くてみっともない顔(까밀고 보기 싫은 얼굴)

   이 두 표현에 주목해보자. 명사인 色白을 연결할 때 쓰인 -で의 번역은 '-이고, -이며' 이다. 형용사 연결 형태인 -くては '-하고, 하며' 이다. 따라서 色白で는 '살갗이 희고' 로, 黒くて는 '까맣고' 로 각각 해석한다.

2. 案内してあげましょう。(안내해 주지요)

   男の人を連れて行ってあげた。(남자를 데리고 가 주었다)

   あおいでやろう。(부쳐 주지. 부쳐 줄게)

   이 세 개의 표현의 공통점은 한국어의 '- 해 주다'에 해당하는 '-てあげる' '-てやる'가 포함되어 있다는 것이다. '-てやる'는 자기보다 아랫사람 또는 동년배일 때 쓴 경우다. 그 겸손한 표현이 '-てあげる'이다.

3. 色白できれいになりました。(살갗이 희고 예쁘게 되었습니다. 또는 살갗이 희고 예뻐졌습니다)

   이 표현에서는 형용동사 きれい가 부사로 바뀐 형태 きれいに(예쁘게)를 어떻게 번역하는가에 관심을 갖고 봐야 한다. きれいになる는 '예쁘게 되다. 즉 예뻐지다'로 번역하는 것이 한국어로 자연스럽다. 이와 관련하여 형용사가 부사로 바뀐 형태도 같은 번역을 한다. 美しい(아름답다)가 美しくなる로 표현되면 '아름다워지다' 가 자연스럽다.

4. 口をきこうともしなかった。(말을 하려고도 하지 않았다) 에 주목해 보자. 동사 きく의 의지형 きこう + とも가 붙어 있는 형태는, 우리말로 '-하려고도'의 번역이 어울린다.

5. 何も言えなくて (아무 말도 할 수 없어서)

   이 표현은 言う의 가능형인 言える(말할 수 있다)를 부정한 言えない(말할 수 없다) 를 言えなくて로 만든 것이다. 이 말 뒤에 어떤 표현이 오느냐에 따라서 해석이 약간 달라질 수 있겠으나, 한국어로, '말할 수 없고' 또는 원인·이유의 뜻인, '말할 수 없어서' 의 둘 중의 하나가 어울린다. 여기에서는 '아무 것도 말할 수 없고' 또는 '아무 말도 하지 못하고 (아무 말도 할 수 없어서)' 의 뜻으로 번역하는 것이 자연스럽다.

白いおうぎと黒いおうぎ

　むかしむかし、ある村に、二人の姉妹がいました。
　お姉さんは色白できれいな顔をしているのに、妹の方は色黒ですこしもきれいではありませんでした。
　それで、お母さんは色白できれいな顔のお姉さんばかりを可愛がっていました。
　ある日、二人が一緒に道を歩いていたら、向こうの方から馬に乗った男の人がやって来て聞きました。
「この村のお宮へ行きたいのですが、どっちへ行けばいいのでしょうか？」
　この男の人はひげだらけの顔をしていて、汚れた着物を着ていました。
（なんて汚いんでしょう。こんな人とは、口をきくのもいやだわ）
　そう思ったお姉さんは、聞こえないふりをしました。
　でも、親切な妹は、「それでは、わたしが案内してあげましょう」と、村はずれにあるお宮まで、男の人を連れて行ってあげたのです。
　二人がお宮の前まで来ると、男の人はふところから白いおうぎを出して言いました。
「わたしは人間の姿をしているが、本当は山の神です。お前はまことに親切な娘です。お礼にこのおうぎであおいであげましょう。」
　山の神さまが、白いおうぎで娘をあおぐと、色黒だった娘の顔が、みるみる色白できれいになりました。
「きれいな顔になった。お前のうつくしい心には、その顔が似合っている。
　…それにしても、お前の姉さんはひどい娘だ。わしの汚いかっこうを見て、口をきこうともしなかった。いくら色白できれいな顔をしていても、心はまっ黒だ。」
　そう言って、山の神さまはお宮の中へ消えて行きました。
　さて、妹が戻ってくると、お姉さんは目を丸くして驚きました。
　色が黒くてみっともない顔の妹が、見ちがえるほど、きれいになっていたからです。
「どうして、そんなにきれいになったの？」
　美しさで負けたお姉さんは、くやしくてたまりません。

하얀 부채와 까만 부채

옛날 옛날 어느 마을에 두 자매가 있었습니다.
언니는 피부가 하얗고 예쁜 얼굴을 하고 있는데, 동생은 피부가 까맣고 전혀 예쁘지 않았습니다.
그래서 어머니는 피부색이 하얗고 예쁜 언니만 귀여워해 주었습니다.
어느 날, 두 사람이 같이 길을 걷고 있었는데, 맞은편에서 말을 탄 남자가 다가와서 물었습니다.
"이 마을의 신사에 가고 싶습니다만, 어느 쪽으로 가면 될까요?"
이 남자는 수염투성이의 얼굴을 하고 있었으며, 더러운 옷을 입고 있었습니다.
(참 더럽구나. 이런 사람과는 말을 하는 것도 싫어.)
그렇게 생각한 언니는 아무 소리도 들리지 않는 듯한 시늉을 했습니다.
그래도 친절한 동생은, "그럼, 제가 안내해 드리지요." 라고 하며, 동구 밖에 있는 신사까지 남자를 데리고 가 주었습니다.
두 사람이 신사 앞까지 오자, 남자는 품에서 하얀 부채를 꺼내며 말했습니다.
"나는 인간의 모습을 하고 있지만, 실제로는 산신(山神)입니다. 당신은 참으로 친절한 아가씨입니다. 감사의 표시로 부채로 부채질을 해드리지요."
산신님이 하얀 부채로 아가씨를 부치자, 까만 피부였던 아가씨의 얼굴이 순식간에 하얗고 예뻐졌습니다.
"예쁜 얼굴이 되었군요. 당신의 아름다운 마음에는 그 얼굴이 어울려요.
…그건 그렇고, 당신의 언니는 너무합니다. 내 더러운 모습을 보고, 말을 하려고도 하지 않았어요. 아무리 피부가 하얗고 예쁜 얼굴을 하고 있어도 마음은 새까맣습니다."
그렇게 말하고, 산신님은 신사 안으로 사라져 갔습니다.
그리고 동생이 돌아오자, 언니는 눈을 동그랗게 뜬 채 놀랐습니다.
피부색이 까맣고 볼품없는 얼굴의 동생이 몰라볼 정도로 예쁘게 바뀌어 있었기 때문입니다.
"어째서, 그렇게 예뻐 진 거야?"
아름다움에서 져 버린 언니는 분해서 견딜 수가 없었습니다.

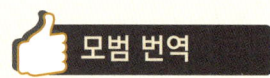 모범 번역

そこで妹からわけを聞き出すと、すぐにお宮へ飛んで行きました。
「山の神さま、お願いです。どうかわたしも、おうぎであおいでください。」
するとお宮の中から、山の神さまが出てきて言いました。
「そんなにあおいでほしいなら、のぞみ通りにあおいでやろう。」
山の神さまはふところから黒いおうぎを取り出すと、お姉さんの顔をあおぎました。
すると色白で美しかったお姉さんの顔はみるみる黒くなり、とてもひどい顔になったのです。
でも、それを知らないお姉さんは、大喜びで妹のところへもどってきました。
「どう、わたし、すごくきれいになったでしょう？」
「……」
妹は何も言えなくて、首を横にふりました。
「えっ？」
お姉さんはあわてて近くにある池に行って、水面に写った自分の顔を見ました。
そこに写っているのは、色黒のみにくい顔だったのです。
「どうしよう、どうしよう。」
お姉さんはすぐにお宮へ行って、元の顔にもどしてくれるように頼みました。
でも山の神さまはどこへ消えたのか、その後、二度と姿を現しませんでした。
さて、妹はそれからもますますきれいになって、その国のお殿さまのところに嫁ぎ、いつまでも幸せに暮らしたそうです。
しかしお姉さんの方は、一生、色黒でみにくい顔だったということです。

그래서 동생에게 그 사정을 캐물어서 알아내고는 바로 신사로 달려갔습니다.

"산신님, 부탁입니다. 부디 저도 부채로 부쳐 주세요."

그러자 신사 안에서 산신님이 나와서 말했습니다.

"그렇게 부쳐주길 원한다면, 그 바람대로 부쳐 줄게."

산신님은 품에서 까만 부채를 꺼내서, 언니의 얼굴을 부쳤습니다.

그러자 피부가 하얗고 아름다웠던 언니의 얼굴은 순식간에 까맣게 되었고, 너무 형편없는 얼굴이 되었습니다.

그래도 그것을 모르는 언니는 매우 기뻐하며 동생한테 돌아왔습니다.

"어때? 나 엄청 예뻐졌지?"

"……"

동생은 아무 말도 할 수 없어서 고개를 옆으로 흔들었습니다.

"뭐?"

언니는 당황해하며 근처에 있는 못에 가서, 물위에 비친 자신의 얼굴을 보았습니다.

거기에 비친 것은, 까만색의 보기 흉한 얼굴이었습니다.

"어떡해. 어떡해."

언니는 바로 신사로 가서, 원래의 얼굴로 되돌려 달라고 부탁했습니다.

하지만 산신님은 어디로 사라졌는지, 그 후 두 번 다시 모습을 나타내지 않았습니다.

그리고 동생은 그 후에도 더 더욱 예뻐져서 그 나라의 영주님한테 시집을 갔고, 언제까지나 행복하게 살았다고 합니다.

그러나 언니는 평생 까맣고 보기 흉한 얼굴이었다고 합니다.

제1부 재미있는 옛날 이야기 〈초급3〉

来年のことを
言うと鬼が笑う

日本では昔から、「来年のことを言うと鬼が笑う」と言います。
これにまつわる次のようなおはなしがあります。
むかしむかし、とても強いすもうとりがいました。
ところが突然の病で、ころりと死んでしまいました。
人は死ぬと、**1** えんま大王のところへ連れていかれます。
生きている時に **1** 良い事をした人は、楽しい極楽へ送られます。
生きている時に悪い事をした人は、恐ろしい地獄へ送られます。
えんま様は、すもうとりに聞きました。
「お前は生きている時、何をしていた？」
「はい、わたしはすもうをとって、みんなを楽しませていました。」
「なるほど、**2** それはおもしろそうだ。よし、お前を極楽に送ってやろう。だがその前に、
わたしにもすもうを見せてくれ。」
「でも、一人ですもうをとる事は出来ません。」
「心配するな。ここには強い鬼がたくさんいるから、その鬼とすもうをとればいい。」
えんま様は、**2** 一番強そうな鬼を呼んできました。
相手が鬼でも、すもうなら負ける気がしません。
すもうとりはしっかりとしこをふんでから、地面に手をつけました。
鬼も負けじとしこをふんで、手をつけました。
「はっけよい、のこった！」
えんまさまが言うと、すもうとりと鬼が組み合いました。
鬼はすごい力ですもうとりを押しますが、でもすもうとりは腰に力を入れて、
「えい！」
という声とともに、鬼を投げ飛ばしました。
1 投げ飛ばされた鬼は岩に頭を打ちつけて、大切な角を折ってしまいました。
「ああっ、大切な角が」
角が折れた鬼は、わんわんと泣き出しました。
「こらっ、鬼が泣くなんてみっともない！」
えんま様が言いましたが、でも鬼は泣くばかりです。
困ったえんま様は、鬼をなぐさめるように言いました。
「わかったわかった。もう泣くな。来年になったら、新しい角が生えるようにしてやる。」
そのとたん鬼は泣きやんで、ニッコリと笑いました。
そんな事があってから、「来年の事を言うと鬼が笑う」と、言うようになったそうです。

번역 실무 연습

모범 번역 P.35

어구 및 문형 해설

- まつわる　엉겨 붙다. 휘감기다. 관련되다. 얽히다.
- すもうとり　(직업적인) 씨름꾼.
- ところが　그랬더니. 그런데. 그러나.
- 突然(とつぜん)　갑자기. 돌연.
- 病(やまい)　병.
- ころり　(작고 둥근 것이 떨어져서 구르는 모양) 대구루루. (쉽사리 항복하는 모양. 갑자기 죽는 모양) 맥없이. 별안간.
- えんま大王(だいおう)　염라대왕.
- 極楽(ごくらく)　극락 (발음에 주의).
- 恐(おそ)ろしい　무섭다.
- 地獄(じごく)　지옥.
- 楽(たの)しませる　즐겁게 하다.
- するな　하지 마. 하지 말라. '동사의 기본형+な'는 금지를 나타냄. 騒(さわ)ぐな (떠들지 마라).
- 相手(あいて)　상대(방).
- 気(き)がする　생각이 들다. 기분이 든다. 느낌이 든다.
- しっかり　(견고한 모양) 단단히. 꽉.
- 地面(じめん)　땅. 지면.
- 手をつける　손을 대다. 손을 붙이다.
- しこをふむ　(씨름꾼이) 한 발씩 올려 힘차게 땅을 밟다.
- 負(ま)けじ　지지 않을 작정이다. 지지 않겠다. じ는 동사의 -ない형에 붙어서 부정의 의지를 나타냄(=～ないようにしよう, -まい -안 할 작정이다. -하지 않는 것으로 하자).
- はっけよい　(일본 씨름에서) 맞붙은 채 가만히 있는 씨름꾼에게, 심판이 움직임을 재촉하며 지르는 소리.
- のこった　(일본 씨름에서) 씨름판의 경계선까지는 아직 여유가 있다는 뜻으로, 심판이 겨루고 있는 양 씨름꾼에게 아직 승부가 나지 않았음을 알리며 지르는 소리.
- 組(く)み合(あ)う　맞붙어 싸우다.
- 押(お)す　밀다.
- 腰(こし)　허리.
- 投(な)げ飛(と)ばす　휙 내던지다.
- 打(う)ちつける　부딪치다. 내던지다.
- 角(つの)　뿔. '뿔'이라는 뜻으로 쓰일 때는 'つの'라고 읽은 것에 주의한다.
- 折(お)る　접다. 꺾다. 부러뜨리다.
- わんわん　(큰 소리로 우는 모양) 엉엉. 앙앙. 소리가 크게 울리는 모양. 우렁차게. 쩌렁쩌렁.
- 泣(な)き出(だ)す　울기 시작하다. -ます형+出す -하기 시작하다.
- こらっ　(뜻밖의 일로 놀라는 말) 이것 참. 어렵소.
- なんて　(의외의 기분을 나타냄) -이라니. -하다니. -있다니.
- これが百円(ひゃくえん)で買(か)えるなんて　(이걸 100엔으로 살 수 있다니).
- なぐさめる　위로하다. 달래다.
- 生(は)える　-자라다. 草が生える (풀이 자라다)
- とたん　바로 그 순간. 하자마자.
- 泣(な)きやむ　울음을 그치다.
- ニッコリ　생긋. 방긋.

중요한 번역 포인트

1. えんま大王のところへ連れていかれます。(엄라대왕한테 데려갑니다)
   良い事をした人は、楽しい極楽へ送られます。(좋은 일을 한 사람은 즐거운 극락으로 보내집니다)
   投げ飛ばされた鬼(휙 내 던져진 도깨비)

   위의 세 개의 문장은 모두 다 동사의 수동형이 쓰인 예이다. 極楽へ送られます(극락으로 보내집니다)는 極楽へ送ります(극락으로 보냅니다)의 수동이다. 投げ飛ばされた(휙 내 던져졌다)는 投げ飛ばした(휙 내 던졌다)의 수동이다. 그러나 連れていかれます는 連れていきます(데리고 갑니다)의 수동이지만, 적절한 우리말로 표현하기가 쉽지 않은 표현의 예이다. '끌려 갑니다'라고 해석할 수도 있겠으나, 문장 의미상 다소 거친 표현이다. 또한 '데려 가게 됩니다'라는 번역도 자연스럽지 않다. 일본어 수동문장의 경우, 이런 경우 능동으로 해석해야 하는 일도 있을 수 있다. 이처럼 일본어를 한국어로 번역하는 과정에서 쉽게 번역되지 않는 표현 중의 하나가 일본어 수동 문장이다.

2. それはおもしろそうだ。(그건 재미있을 것 같다)
   一番強そうな鬼(가장 강할 것 같은 도깨비)

   이 두 개의 문장에 주목하자. 첫 번째 문장은 형용사 おもしろい의 어미 い가 없어지고, そうだ가 접속되었고, 두 번째 문장은 強い에서 어미 い가 없어지고 そうな가 접속되었다. 이 경우 そうだ는 '–일(할) 것 같다'의 번역을 한다. 일본어 문법에서는 이것을 양태(様態)라고 한다. 두 번째 문장에서 –そうな 뒤의 명사인 鬼를 수식하는 형용동사의 기능을 하고 있어, '–일(할) 것 같은'으로 번역한다.

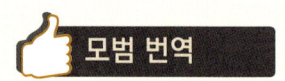

来年のことを言うと鬼が笑う

日本では昔から、「来年のことを言うと鬼が笑う」と言います。
これにまつわる次のようなおはなしがあります。
むかしむかし、とても強いすもうとりがいました。
ところが突然の病で、ころりと死んでしまいました。
人は死ぬと、えんま大王のところへ連れていかれます。
生きている時に良い事をした人は、楽しい極楽へ送られます。
生きている時に悪い事をした人は、恐ろしい地獄へ送られます。
えんま様は、すもうとりに聞きました。
「お前は生きている時、何をしていた？」
「はい、わたしはすもうをとって、みんなを楽しませていました。」
「なるほど、それはおもしろそうだ。よし、お前を極楽に送ってやろう。だがその前に、わたしにもすもうを見せてくれ。」
「でも、一人ですもうをとる事は出来ません。」
「心配するな。ここには強い鬼がたくさんいるから、その鬼とすもうをとればいい。」
えんま様は、一番強そうな鬼を呼んできました。
相手が鬼でも、すもうなら負ける気がしません。
すもうとりはしっかりとしこをふんでから、地面に手をつけました。
鬼も負けじとしこをふんで、手をつけました。
「はっけよい、のこった！」
えんまさまが言うと、すもうとりと鬼が組み合いました。
鬼はすごい力ですもうとりを押しますが、でもすもうとりは腰に力を入れて、
「えい！」
という声とともに、鬼を投げ飛ばしました。
投げ飛ばされた鬼は岩に頭を打ちつけて、大切な角を折ってしまいました。
「ああっ、大切な角が。」
角が折れた鬼は、わんわんと泣き出しました。
「こらっ、鬼が泣くなんてみっともない！」
えんま様が言いましたが、でも鬼は泣くばかりです。
困ったえんま様は、鬼をなぐさめるように言いました。
「わかった。わかった。もう泣くな。来年になったら、新しい角が生えるようにしてやる。」
そのとたん鬼は泣きやんで、ニッコリと笑いました。
そんな事があってから、'来年の事を言うと鬼が笑う'と、言うようになったそうです。

내년의 일을 말하면 도깨비가 웃는다

일본에서는 옛날부터 '내년의 일을 말하면 도깨비가 웃는다' 고 합니다.
이것에 관련된 다음과 같은 이야기가 있습니다.
옛날 옛날, 아주 강한 씨름꾼이 있었습니다.
그렇지만 갑작스런 병으로 별안간 죽고 말았습니다.
사람이 죽으면 염라대왕한테 데려갑니다.
살아있을 때에 좋은 일을 한 사람은 즐거운 극락으로 보내집니다.
살아있을 때에 나쁜 일을 한 사람은 무서운 지옥으로 보내집니다.
염라대왕은 씨름꾼에게 물었습니다.
"너는 살아있을 때에 무엇을 했지?"
"예, 저는 씨름을 해서 모두를 즐겁게 했습니다."
"정말이지, 그건 재미있을 것 같다. 좋아, 너를 극락으로 보내주겠다. 그렇지만 그 전에, 내게도 씨름을 보여 다오."
"하지만 혼자서 씨름을 할 수는 없습니다."
"걱정하지 마라. 여기에는 강한 도깨비가 많이 있으니까, 그 도깨비와 씨름을 하면 돼."
염라대왕은 가장 강할 것 같은 도깨비를 불러 왔습니다.
상대가 도깨비라도 씨름이라면 질 생각을 하지 않습니다.
씨름꾼은 제대로 한 발씩 올려 힘차게 땅을 밟고 나서 지면에 손을 댔습니다.
도깨비도 지지 않겠다고 한 발씩 올려 힘차게 땅을 밟고 나서 지면에 손을 댔습니다.
「핫케 요이, 노콧타!」
염라대왕이 말하자, 씨름꾼과 도깨비가 맞붙어 싸웠습니다.
도깨비는 엄청남 힘으로 씨름꾼을 밉니다만, 하지만 씨름꾼은 허리에 힘을 주고,
「얏!」
하는 소리와 더불어 도깨비를 휙 내던졌습니다.
내던져진 도깨비는 바위에 머리가 부딪쳐서 소중한 뿔을 부러뜨리고 말았습니다.
「아아, 소중한 뿔이.」
뿔이 부러진 도깨비는 엉엉 울기 시작했습니다.
「이것 참, 도깨비가 울다니 보기 흉하다!」
염라대왕이 말했습니다만, 그래도 도깨비는 울 뿐입니다.
난처해진 염라대왕은 도깨비를 위로하듯 말했습니다.
「알았어. 알았어. 이제 울지 마. 내년이 되면 새로운 뿔이 자라도록 해 줄게.」
그 순간 도깨비는 울음을 그치고 생긋이 웃었습니다.
그런 일이 있고 나서 '내년의 일을 말하면 도깨비가 웃는다'고 말하게 되었다고 합니다.

来年のことを言うと鬼が笑う

제1부 재미있는 옛날 이야기 〈초급4〉

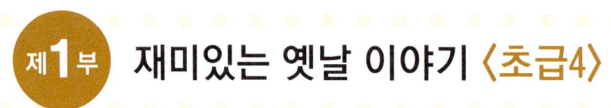
五分次郎

むかしむかし、あるところにおじいさんとおばあさんが住んでいました。
「小さくてもいいので、かわいい子どもを授けてください。」
二人にはこどもがいなかったので、毎日こうやって、観音さまにお願いをしていました。
そんなある日、突然、おばあさんの左手の親指が大きくなりました。
それから七日後に、おばあさんの左手の親指からポロリと小さなかわいい赤ちゃんが生まれたのです。
その子は、一寸(約3センチ)の半分の五分くらいの男の子でした。
豆くらいの子でしたが、おじいさんとおばあさんは大変喜びました。
「観音さまが、願いをかなえてくださいました。」
「五分くらいの子だから、五分次郎と名前を付けましょう。」
五分次郎は、とても元気に育ちました。

1 ある日のことです。
五分次郎が海の近くの川で、ささの葉の舟を、ようじをさおの代わりにして漕いでいると、海からやって来た大きな鯛がぱくりと五分次郎を飲み込んでしまいました。
「ああ、鯛に飲み込まれてしまった。どうしよう。まあ、いいか。そのうちどうにかなるだろう。」
五分次郎はのんきにも、鯛のお腹の中でい眠りをはじめました。
その大きな鯛は、やがて漁師の網にかかって、魚屋に売られて行きました。
魚屋が鯛のお腹を切ると、五分次郎は、
「それ、今だ〜!」
と、元気よく飛び出し、それから何日も旅をして、鬼ヶ島へ着きました。
鬼たちは赤鬼と青鬼に分かれて、戦いのけいこをしていました。
五分次郎は、
「赤が勝った。今度は青が勝った。」と言いながら、面白そうに見ていました。
鬼たちは、

번역 실무 연습

모범 번역 P.43

제1부 재미있는 옛날 이야기 〈초급4〉

五分次郎

「いったい誰だ。けいこをじゃまするのは！」
と、辺りを見回して、五分次郎を見つけたのです。
鬼の親分は、五分次郎をつまみ上げると、
「なんだ、この小さな小僧は？　豆か？　なんだかしらんが、食べてやる。」
と、口の中へポイと放り込みました。
「ああ、また食べられちゃった。」
鬼のお腹に放り込まれた五分次郎は、1 あわてることなくようじを取り出すと、胃袋やおへそやのどを、チョン！チョン！チョン！と突き刺しました。
五分次郎を飲みこんだ鬼の親分は、目を白黒させて、「痛い！痛い！」
と、大騒ぎをしています。
すると鬼の子分たちは、親分のお腹の中にいる五分次郎に向かって叫びました。
「おい、宝物をやるから、親分の体から出て来い！」
「本当か！だますつもりじゃないだろうな！？」
「本当だ！鬼は必ず約束を守る！」
五分次郎は、鬼の親分の鼻からピョンと飛び出してきました。
「さあ、約束通り、宝物をもらおう！」
鬼たちは馬と宝物を用意して、馬の背中に宝物を積みました。
こうして鬼の宝物を手に入れた五分次郎は、馬に乗って、おじいさんとおばあさんの待つ家に帰り、三人は幸せに暮しました。

번역 실무 연습

모범 번역 P.45

어구 및 문형 해설

- 授ける: 내리다. 하사하다. 수여하다. 전수하다.
- 観音: 관음. 観世音의 준말. 발음에 주의.
- 願い: 부탁. 바람. 願う의 명사형.
- 左手: 왼손.
- 親指: 엄지.
- ポロリ: 맥없이 떨어지는 모양. (눈물 따위가)한 방울 떨어지는 모양. 똑.
- 生まれる: 태어나다.
- 一寸: 한 치. 寸은 길이의 단위. 한 치는 3.03 cm.
- 半分: 반=なかば.
- 五分: (척관법에서)5푼. 약 1.5cm. 여기서 分는 'ぶ'라고 읽어서 한 치의 10분의 1을 나타냄.
- 豆: 콩.
- 大変: 몹시. 대단히.
- 喜ぶ: 기뻐하다. 즐거워하다.
- かなえる: 뜻대로 하게 하다. 이루어주다. 들어주다.
- 育つ: 자라다. 성장하다.
- ささ: 조릿대. 갓대. 작은 대나무 종류의 총칭.
- 舟: 배.
- ようじ: 이쑤시개.
- さお: 장대. 작대기. 삿대.
- 代わり: 대신. 대리.
- 漕ぐ: (노로 배를)젓다.
- 鯛: 도미.
- ぱくり: 입을 딱 벌리고 먹는 모양. 덥석. 꿀떡. 꿀꺽.
- 飲み込む: 삼키다. 이해하다.
- そのうち: 때가 되면. 머지않아. 가까운 시일 안에.
- どうにか: 이럭저럭. 그런대로. 어떻게=なんとか.
- のんき: 성격이 느긋한 모양. 걱정 근심이 없는 모양.
- やがて: 이윽고.
- 漁師: 고기잡이. 어부. 'りょうし'라고 발음하는 것에 주의한다.
- 網: 그물. 망.
- 魚屋: 생선가게 (생선장수).
- 切る: 자르다. 끊다.
- それ: 그것. 주의를 촉구하거나 기합을 넣을 때 내는 말. 야. 자. 봐라.
- 飛び出す: 뛰어나가다(나오다). 뛰쳐나가다.
- 旅: 여행.
- 鬼ヶ島: 옛날 도깨비가 살았다는 상상의 섬. 도깨비 섬.
- 着く: 도착하다.
- 赤鬼: 온몸이 빨간 도깨비.
- 青鬼: 온몸이 파란 도깨비.
- 分かれる: 갈라지다. 나누이다.
- けいこ: 배움. 익힘. 연습함.
- いったい: 도대체.
- じゃまする: 방해하다.
- 辺り: 주위.
- 見回す: 둘러보다.
- 見つける: 찾아내다. 발견하다.
- 親分: 부모처럼 의지하고 있는 사람. 두목. 우두머리. ↔ 子分 부하.
- つまみ上げる: (손가락으로)집어 올리다.
- 小僧: 나이 어린 승려. 사환 아이. 나이 어린 사내아이를 얕잡아 부르는 말.
- なんだかしらん: 무언지 모른다. なんだかは 무언지. しらん은 しらない(모른다). ん은 부정의 뜻인 ない.
- ポイと: 물건을 가볍게 버리거나 던지는 모양. 홱. 휙. =ぽいっと.
- 放り込む: 던져 넣다. 집어넣다.

□ 食[た]べられちゃった	먹혀 버렸다. ちゃった는 ちゃう(=~て しまう(-해 버리다)의 과거형.	□ 来[こ]い	오라. 와. 来る의 명령형.
□ 胃袋[いぶくろ]	위. 밥통.	□ 叫[さけ]ぶ	소리치다.
□ へそ	배꼽.	□ おい	친한 사람이나 아랫사람을 부를 때 쓰는 말. 이봐.
□ のど	목구멍.	□ 宝物[たからもの]	보물.
□ チョン	(딱딱이 등을 치는 소리의 형용)딱딱. (물건을 손쉽게 자르는 모양)싹둑. 댕강.	□ だます	속이다.
□ 突[つ]き刺[さ]す	(날카로운 것으로)푹 찌르다. 찌르듯이 마음에 와 닿다.	□ 守[まも]る	지키다
		□ ピョン	뛰어오르는 모양. 껑충. 팔짝. 훌쩍.
□ 目[め]を白黒[しろくろ]させる	(놀라거나 어리둥절할 때 눈을 희번덕거리는 모양을 이름)눈을 희번덕거리다.	□ もらおう	받자. 받아야지. もらう(받다)의 의지형.
		□ 用意[ようい]	준비.
		□ 背中[せなか]	등. 뒷면.
		□ 積[つ]む	쌓다. 싣다.
		□ 幸[しあわ]せ	행운. 행복.
□ 大騒[おおさわ]ぎ	크게 소동을 피움. 큰 소동.	□ 暮[く]す	살다.

중요한 번역 포인트

1 ある日のこと (어느 날의 일)

あわてることなく (당황해 하지 않고)

이 두 개의 표현에서 'こと'를 어떻게 번역할지 주목한다. 'こと'는 그 쓰임새가 많아 번역할 때 주의를 요하는 것 중의 하나이다. 'あわてることなく'에서 ことなく는 '-일 없이' 라는 뜻이지만, '당황하는 일 없이' 라는 직역보다 '당황해 하지 않고' 라는 번역이 우리말로 자연스럽다. 'ことなく'만으로도 뜻이 되어, '무사히, 별일 없이' 라고 해석하는 경우도 있다. ことなく済む는 '무사히 끝나다' 라는 뜻이 된다.

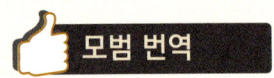

五分次郎

むかしむかし、あるところにおじいさんとおばあさんが住んでいました。
「小さくてもいいので、かわいい子どもを授けてください。」
二人にはこどもがいなかったので、毎日こうやって、観音さまにお願いをしていました。
そんなある日、突然、おばあさんの左手の親指が大きくなりました。
それから七日後に、おばあさんの左手の親指からポロリと小さなかわいい赤ちゃんが生まれたのです。
その子は、一寸(約3センチ)の半分の五分くらいの男の子でした。
豆くらいの子でしたが、おじいさんとおばあさんは大変喜びました。
「観音さまが、願いをかなえてくださいました。」
「五分くらいの子だから、五分次郎と名前を付けましょう。」
五分次郎は、とても元気に育ちました。
ある日のことです。
五分次郎が海の近くの川で、ささの葉の舟を、ようじをさおの代わりにして漕いでいると、海からやって来た大きな鯛がぱくりと五分次郎を飲み込んでしまいました。
「ああ、鯛に飲み込まれてしまった。どうしよう。まあ、いいか。そのうちどうにかなるだろう。」
五分次郎はのんきにも、鯛のお腹の中でい眠りをはじめました。
その大きな鯛は、やがて漁師の網にかかって、魚屋に売られて行きました。
魚屋が鯛のお腹を切ると、五分次郎は、
「それ、今だ～！」
と、元気よく飛び出し、それから何日も旅をして、鬼ヶ島へ着きました。
鬼たちは赤鬼と青鬼に分かれて、戦いのけいこをしていました。
五分次郎は、
「赤が勝った。今度は青が勝った。」と言いながら、面白そうに見ていました。
鬼たちは、

고부지로

옛날 옛날 어느 곳에 할아버지와 할머니가 살고 있었습니다.
「작아도 좋으니까 귀여운 아이를 하사하여 주세요.」
두 사람에게는 아이가 없었기 때문에, 매일 이렇게 관세음보살에게 부탁을 하고 있었습니다.
그러던 어느 날, 갑자기 할머니의 왼손 엄지손가락이 커졌습니다.
그리고 7일 후에, 할머니의 왼손 엄지에서 '똑' 하고 작고 귀여운 아기가
태어났습니다.
그 아이는 한 치(약 3 센티미터)의 절반인 5푼 정도의 남자아이였습니다.
콩알만한 아이였습니다만, 할아버지와 할머니는 무척이나 기뻤습니다.
「관세음보살께서 부탁을 들어주셨습니다.」
「5푼 정도의 아이니까, 이름을 고부지로(五分를 일본어로 읽으면 고부) 라고 붙입시다.」
고부지로는 매우 건강하게 자랐습니다.
어느 날의 일입니다.
고부지로가 바다 근처의 강에서 조릿대 잎으로 만든 배를, 이쑤시개를 삿대 대신으로 삼아 젓고 있는데, 바다에서 온 커다란 도미가 덥석 고부지로를 삼키고 말았습니다.
「아아, 도미에게 먹히고 말았어. 어쩌지. 그래. 좋아.
때가 되면 어떻게 될 거야.」
고부지로는 느긋하게도 도미 뱃속에서 졸기 시작했습니다.
그 커다란 도미는 이윽고 어부의 그물에 걸려 생선장수에게 팔려갔습니다.
생선 장수가 도미의 배를 자르자 고부지로는,
「자, 이때다!」
하고 힘차게 뛰어 내렸고, 그 후 며칠이나 여행을 하나가 도깨비 섬에 도착했습니다.
도깨비들은 붉은 도깨비와 푸른 도깨비로 나누어서 싸움 연습을 하고 있었습니다.
고부지로는,
「빨강이 이겼다. 이번에는 파랑이 이겼다.」고 하면서 재미있게 보고 있었습니다.
도깨비들은,

 모범 번역

「いったい誰だ。けいこをじゃまするのは！」
と、辺りを見回して、五分次郎を見つけたのです。
鬼の親分は、五分次郎をつまみ上げると、
「なんだ、この小さな小僧は？ 豆か？ なんだかしらんが、食べてやる。」
と、口の中へポイと放り込みました。
「ああ、また食べられちゃった。」
鬼のお腹に放り込まれた五分次郎は、あわてることなくようじを取り出すと、胃袋やおへそやのどを、チョン！チョン！チョン！と突き刺しました。
五分次郎を飲みこんだ鬼の親分は、目を白黒させて、「痛い！痛い！」
と、大騒ぎをしています。
すると鬼の子分たちは、親分のお腹の中にいる五分次郎に向かって叫びました。
「おい、宝物をやるから、親分の体から出て来い！」
「本当か！だますつもりじゃないだろうな！？」
「本当だ！鬼は必ず約束を守る！」
五分次郎は、鬼の親分の鼻からピョンと飛び出してきました。
「さあ、約束通り、宝物をもらおう！」
鬼たちは馬と宝物を用意して、馬の背中に宝物を積みました。
こうして鬼の宝物を手に入れた五分次郎は、馬に乗って、おじいさんとおばあさんの待つ家に帰り、三人は幸せに暮しました。

「도대체 누구야. 연습을 방해하는 건!」

하고, 주위를 둘러보고 고부지로를 찾아냈습니다.

우두머리 도깨비는 고부지로를 집어 올리며,

「뭐야, 이 작은 애송이는? 콩인가? 뭔지 모르겠지만, 먹어 줄게.」

하고 입 속으로 휙 던져 넣었습니다.

「아아. 또 먹히고 말았네..」

도깨비 배에 던져진 고부지로는 당황해하지 않고, 이쑤시개를 꺼내서 위며 배꼽이며 목구멍을 싹둑! 싹둑! 싹둑! 찔렀습니다.

고부지로를 삼킨 우두머리 도깨비는 눈을 희번덕거리며 「아야! 아야!」

하고 야단법석입니다.

그러자 부하 도깨비들은 우두머리 뱃속에 있는 고부지로를 향해 소리쳤습니다.

「이봐. 보물을 줄 테니까, 우두머리 몸에서 나와!」

「정말이야! 속일 생각은 아니겠지.」

「정말이야! 도깨비는 꼭 약속을 지킨다!」

고부지로는 우두머리 도깨비 코에서 폴짝 뛰어나왔습니다.

「자, 약속대로, 보물을 받아야지!」

도깨비들은 말과 보물을 준비해서 말의 등에 보물을 실었습니다.

이렇게 해서 도깨비의 보물을 손에 넣은 고부지로는 말을 타고 할아버지와 할머니가 기다리는 집에 돌아가서, 세 사람은 행복하게 살았습니다.

제1부 재미있는 옛날 이야기 〈초급5〉

なまけ者と貧乏神

　むかしむかし、あるところに、ひどくなまけ者で貧乏な男がいました。
　ある年の暮れに、男が空腹をがまんしながらいろりの横で寝ていると、天井裏から何かが、どすんと、落ちてきました。
「何だ？」
　びっくりして男は飛び起きました。
　落ちてきたのは、つぎはぎだらけの汚い着物を着た貧相なおじいさんでした。
「何だ、お前は！　おれの家の天井裏で、何をしていた！」
　するとおじいさんは、頭をポリポリとかきながら答えました。
「わしはな、この家に長い間やっかいになっている貧乏神だ。」
「貧乏神？まあ、この家なら貧乏神の一人や二人いても不思議ではないが、何しに降りて来た？」
「うむ、実はな。お前があまりにも貧乏なので、この家には、わしの食い物が一つもない。さすがのわしも、このままでは生きていけないので、逃げるつもりだったが、あまりの空腹に力が入らず、うっかり落ちてしまったのじゃ。」
「そうか、おれは貧乏神も逃げ出すほどの貧乏だったのか。まあ、出て行ってくれるのなら、おれもありがたい。せめて見送ってやりたいが、おれも腹が減って動けないんだ。だから悪いけど、勝手に出て行ってくれ。」
　そう言って再び寝ようとする男に、貧乏神は言いました。
「まあ、寝るのはもう少し待って、わしの話を聞きなさい。わしはな、貧乏神とはいえ、これでも立派な神のはしくれだ。長年世話になったのに、礼もしないで出て行くわけにはいかん。
　そこでお前に、一つ良い事を教えてやろう。」
「良い事？」
「ああ、明日の日の出の時、この家の前を宝物を積んだ馬が通る。一番目の馬は、金を積んだ馬じゃ。二番目の馬は、銀を積んだ馬じゃ。三番目の馬は、銅を積んだ馬じゃ。そのどれ

번역 실무 연습

모범 번역 P.55

제1부 재미있는 옛날 이야기 〈초급5〉

> なまけ者と貧乏神

でもいいから、馬を棒で殴ってみろ。そうすればその馬の宝は、お前の物になる。」

「なるほど、確かにそれは良い話だ。だが、殴ってもいい馬は、一頭だけか？三頭とも殴っては、駄目なのか？」

「はは。なんじゃ、急に欲張りになったのか。もちろん、三頭全部、殴ってもいいぞ。三番目の馬だけなら、普通の暮らし。二番目の馬も加われば、裕福な暮らし。一番目の馬も加われば、**1 お前は金持ちになれるじゃろう。**だがな、最後に通る四番目の馬だけは、決して殴るなよ。その馬は、わしが出て行く為の馬だからな。」

「わかった。最後のは殴らん。」

男はそう言うと、また寝てしまいました。

さて次の日、日の出と共に起きるはずの男は、いつものなまけぐせで少し寝坊をしてしまいました。

「あっ！ 寝過ごした！」

男があわてて家を飛び出すと、ちょうど家の前を立派な荷物を積んだ馬が通ろうとしていました。

「よし、間に合った。あれが金の馬だな。これでおれは、金持ちになれる。」

男は庭から物干し竿を持ち出すと、その馬の頭をめがけて振り下ろしました。

「えいっ！」

しかし物干し竿が長すぎて、途中の木の枝に引っかかってしまったのです。

その間に宝物を乗せた馬は、ゆうゆうと通り過ぎて行きました。

「しまった！金の馬を、逃してしまった！ …しかたない、残りの銀の馬と銅の馬を殴ればいいか。よし、次は短い棒で。」

男は台所からゴマをすりつぶす'すりこぎ棒'を持って来ると、二番目の馬がやって来るのを待ちました。

間もなく、また立派な荷物を積んだ馬が、家の前を通ろうとしました。

「よし、これが銀の馬だな。今度こそ、えいっ！」

번역 실무 연습

모범 번역 P.57

第1部 재미있는 옛날 이야기 〈초급5〉

なまけ者と貧乏神

男はすりこぎ棒を振り上げると、馬の頭をめがけて振り下ろしました。
しかしすりこぎ棒では短すぎて、馬の頭には届きませんでした。
宝物を乗せた馬は、男の横をゆうゆうと通り過ぎて行きます。
「しまった！またしくじったか。今度は、もう少し長めの棒にしよう。」
そこで男はてんびん棒を持って来て、次の馬が来るのを待ちました。
やがて馬がやって来たのですが、この馬には荷物が積まれていません。
「おかしいな？銅の馬なのに、何も積んでいない。まあいい、今度こそ馬を殴って、普通の暮らしを手に入れてやる。」
男はてんびん棒を振り上げると、馬の頭をめがけて振り下ろしました。
てんびん棒は見事に馬の頭に命中して、馬はそのまま死んでしまいました。
「やった！銅の馬をちゃんと殴ったぞ！」
男が大喜びしていると、家の天井裏から貧乏神が降りて来て、がっかりしながら言いました。
「ああ、なんて事を。お前は、わしが乗るはずの馬を殺してしまったな。
せっかく、よその家で暮らそうと思ったのに、**2** これでは旅に出られない。
…仕方がない、これからもお前の所でやっかいになるぞ。」
こうして男は、それからも貧乏な暮らしを続けたということです。

번역 실무 연습

어구 및 문형 해설

- なまけ者 　게으름뱅이.
- 貧乏 　가난함.
- 暮れ 　저물 때. 저녁 때. 연말. 계절·한 해의 마지막.
- 空腹 　공복.
- がまんする 　참다. (너그럽게)봐 주다.
- いろり 　농가 등에서 방바닥의 일부를 네모나게 잘라 내고, 그곳에 재를 깔아 취사용·난방용으로 불을 피우는 장치. 노(爐).
- 天井裏 　지붕 밑.
- どすんと 　(무거운 것이 떨어지는 소리. 또 앉거나 부딪치는 소리)쿵. 털썩.
- びっくりする 　깜짝 놀라다.
- 飛び起きる 　(자리에서)벌떡 일어나다.
- つぎはぎ 　(옷 등을)기움. 남이 쓴 글을 주워 모아 글을 만듦. 그러모아 하나로 만듦.
- 貧相だ 　(용모·옷차림이)궁상맞음. 초라함.
- ポリポリとかく 　(손으로)북북 긁다. ポリポリ는 손톱으로 물건을 긁는 소리. 북북. かく는 긁다. 할퀴다. 의 뜻.
- わし 　나. おれ보다는 좀 격식 차린 말.
- やっかい 　(남에게 끼치는)신세. 폐.
- 貧乏神 　가난을 가져 온다는 신.
- 不思議 　이상함. 불가사의(不可思議).
- まあ 　(자기 또는 상대의 말을 가볍게 제지하거나 무엇을 권하거나 할 때 쓰는 말)자. 뭐. 어때.
- うむ 　응. 그래. (=うん)
- 実は 　(부사적으로 쓰여)실은. 사실은. 정말은.
- さすが 　역시. 정말이지. 자타가 공인할 정도의. 그 대단한.
- さすがのわし 　그 대단한 나.
- 生きる 　살다.
- 行けない 　갈 수 없다. '行く'의 가능형의 부정. 불가·금지를 나타내는 'いけない' (안 된다)와 혼동하지 말 것.
- 逃げる 　도망가다.
- 力が入らず 　힘이 들어가지 않아. 힘이 없어서.
- うっかり 　깜빡. 멍청히. 무심코.
- じゃ 　(단정의 뜻을 나타냄)-이다. である(-이다)의 준말.
- 逃げ出す 　도망가다. 도망치기 시작하다.
- ありがたい 　고맙다. 감사하다.
- せめて 　최소한의 소망을 나타냄. 최소한. 하다못해. 적으나마. 적어도. 그나마.
- 見送る 　배웅하다. 전송하다.
- 減る 　줄다. 적어지다. 腹が減る는 '허기지다' '배고프다' 는 뜻.
- 動けない 　움직일 수 없다. 動く(움직이다)의 가능 부정.
- 勝手に 　제멋대로.
- 再び 　다시.
- はしくれ 　(재목 등의)토막. 끄트러기. 거스러기, 변변찮은 존재이지만 어쨌든 그 부류에 속하는 사람. 나부랭이.
- 長年 　오랫동안.
- 世話になる 　폐를 끼치다. 신세를 지다.
- 行くわけにはいかん 　갈 수만은 없다. '동사의 기본형＋わけに(は)いかない' 는 그렇게 간단하게 할 수는 없다. 는 뜻. ん은 부정인 -ない와 같은 뜻. 笑うにはいかない.(웃을 수만은 없다. 웃을 일이 못 된다)
- 日の出 　일출. 해돋이.
- 通る 　통과하다. 지나(가)다.
- 一番目 　첫 번째.
- 棒 　막대기. 몽둥이.
- 殴る 　세게 때리다.
- 確か 　확실함.

頭 (とう)	마리, 필(匹) (동물을 세는 말)	引っかかる	걸리다.
駄目 (ため)	소용없음. 효과가 없음. 불가능. 못쓰.	乗せる (の)	태우나. 싣나. 실리다.
とも	-다. 二人とも (두 사람 다)	ゆうゆう	유유. 대범하고 침착함. 느긋함.
なんじゃ	=なんだ. 뭐야. 뭐.	通り過ぎる (とお す)	통과하다. 지나가다.
欲張り (よくば)	욕심쟁이.	しまった	(실패하여 몹시 분할 때 쓰는 말)아차. 아뿔싸. 큰일 났다.
暮らし (く)	살림. 생계. 일상생활.	逃す (のが)	놓치다.
加わる (くわ)	가해지다. 더해지다. 늘다.	残り (のこ)	나머지. 남은 것(분량).
裕福 (ゆうふく)	유복.	すりつぶす	갈아 바수다. 갈아 으깨다.
決して (けっ)	(뒤에 부정이나 금지를 나타내는 말을 수반하여)결코. 절대로.	すりこぎ	(양념절구에 쓰는)막자 모양의 조그만 나무 공이.
はず	-할 리. -할 터. 당연히 -할 것. 그런하은 없다 (그럴 리는 없다)	間もなく (ま)	머지않아. 얼마 안 되어. 이윽고.
寝坊をする (ねぼう)	늦잠을 자다.	振り上げる (ふ あ)	치켜들다. 번쩍 올리다.
寝過ごす (ね す)	시간이 지나도록 자다. 늦잠자다.	届く (とど)	닿다. 도달하다. 미치다.
飛び出す (と だ)	뛰어 나오다(나가다).	しくじる	실수하다. 그르치다. 실패하다.
立派 (りっぱ)	훌륭함. 근사함.	長め (なが)	약간 긴 듯함.
荷物 (にもつ)	짐.	てんびん棒 (ぼう)	멜대.
よし	(승인, 승낙, 결의를 나타내고, 또 상대방의 말에 응하여, 알았다는 뜻으로 하는 말)좋아. 알았어.	見事 (みごと)	멋짐. 훌륭함. 뛰어남.
		やった	(일이 완성되거나 성공했을 때 기뻐서 하는 말)됐다. 해냈다.
間に合う (ま あ)	제시간에 대다. 제시간에 맞추다.	ちゃんと	단정하게. 빈틈없이. 확실히. 정확하게.
物干し竿 (ものほ ざお)	빨래 장대.	がっかり	실망하는 모양. がっかりする (낙심하다. 맥풀리다.)
持ち出す (も だ)	가지고(들고)나오다. 반출하다.		
めがける	목표로 하다. 겨냥하다. 노리다.	よそ	타처. 딴 곳. 남. 남의 집.
振り下ろす (ふ お)	내리치다.		
長すぎる (なが)	너무 길다. 형용사 어간+すぎる (너무 -하다).		

중요한 번역 포인트

1 お前は金持ちになれるじゃろう。(너는 부자가 될 수 있을 거야)
 이 문장에서 주의해서 번역해야 할 곳은 ーになれるじゃろう。(-가 될 수 있을 거야)이다. なれるじゃろう는 동사 なる(되다)의 가능형인 なれる에 じゃろう가 붙은 꼴로, なれるだろう(될 수 있을 거야)와 같은 의미다.

2 これでは旅に出られない。(이래서는 여행을 떠날 수 없어)
 역시 이 문장도 旅に出る(여행을 떠나다)의 가능형인 旅に出られる(여행을 떠날 수 있다)의 부정으로 번역한다.

なまけ者と貧乏神

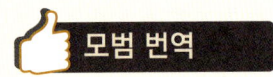

なまけ者と貧乏神

　むかしむかし、あるところに、ひどくなまけ者で貧乏な男がいました。
　ある年の暮れに、男が空腹をがまんしながらいろりの横で寝ていると、天井裏から何かが、どすんと、落ちてきました。
「何だ？」
　びっくりして男は飛び起きました。
　落ちてきたのは、つぎはぎだらけの汚い着物を着た貧相なおじいさんでした。
「何だ、お前は？おれの家の天井裏で、何をしていた？」
　するとおじいさんは、頭をポリポリとかきながら答えました。
「わしはな、この家に長い間やっかいになっている貧乏神だ。」
「貧乏神？まあ、この家なら貧乏神の一人や二人いても不思議ではないが、何しに降りて来た？」
「うむ、実はな。お前があまりにも貧乏なので、この家には、わしの食い物が一つもない。さすがのわしも、このままでは生きていけないので、逃げるつもりだったが、あまりの空腹に力が入らず、うっかり落ちてしまったのじゃ。」
「そうか、おれは貧乏神も逃げ出すほどの貧乏だったのか。まあ、出て行ってくれるのなら、おれもありがたい。せめて見送ってやりたいが、おれも腹が減って動けないんだ。だから悪いけど、勝手に出て行ってくれ。」
　そう言って再び寝ようとする男に、貧乏神は言いました。
「まあ、寝るのはもう少し待って、わしの話を聞きなさい。わしはな、貧乏神とはいえ、これでも立派な神のはしくれだ。長年世話になったのに、礼もしないで出て行くわけにはいかん。
　そこでお前に、一つ良い事を教えてやろう。」
「良い事？」
「ああ、明日の日の出の時、この家の前を宝物を積んだ馬が通る。一番目の馬は、金を積んだ馬じゃ。二番目の馬は、銀を積んだ馬じゃ。三番目の馬は、銅を積んだ馬じゃ。そのどれ

게으름뱅이와 가난의 신

　옛날 옛날 어느 곳에 몹시도 게으르고 가난한 남자가 있었습니다.
　어느 해 연말에 남자가 배고픈 것을 참으면서 이로리 옆에서 자고 있는데, 지붕 밑에서 무언가가 '쿵' 하고 떨어졌습니다.
　"뭐야?"
　깜짝 놀라서 남자는 자리에서 벌떡 일어났습니다.
　떨어진 것은 누덕누덕 기운 더러운 옷을 입은 궁상맞은 할아버지였습니다.
　「뭐야, 너는? 내 집 지붕 밑에서 무얼 하고 있었지?」
　그러자 할아버지는 머리를 북북 긁으면서 대답했습니다.
　「난, 이 집에 오랫동안 신세를 지고 있는 가난의 신이다.」
　「가난의 신? 뭐, 이 집이라면 가난의 신 하나나 둘이 있어도 이상하지 않지만,
　뭐 하러 내려 왔어?」
　「응, 사실은 말이야. 네가 너무도 가난해서, 이 집에는 내가 먹을 것이 하나도 없어.
　그 대단한 나도 이대로는 살아갈 수 없어서 도망갈 생각이었지만, 너무 배가 고파 힘이 없어서 멍청하게 떨어져 버린 거야.」
　「그래, 내가 가난의 신도 도망갈 정도로 가난했나? 뭐, 나가 준다면야 나도 고맙지. 적어도 배웅을 해 주고 싶지만, 나도 배가 고파서 움직일 수가 없어.
　그래서 미안한데, 네 맘대로 나가 줘.」
　그렇게 말하고 다시 누우려고 하는 남자에게 가난의 신은 말했습니다.
　「자, 자는 건 좀 더 기다리고, 내 얘기를 들어봐. 난 가난의 신이라고는 하나, 이래봬도 훌륭한 신의 나부랭이쯤은 돼. 오랫동안 신세를 졌는데도 감사의 말을 하지 않고 나갈 수만은 없지.

　그래서 너에게 한 가지 좋은 것을 가르쳐 줄 게.」
　「좋은 거?」
　「아, 내일 해가 뜰 때, 이 집 앞을 보물을 실은 말이 지나가. 첫 번째 말은 금을 실은 말이야. 두 번째 말은 은을 실은 말이야. 세 번째 말은 동을 실은 말이야. 그 어느 것이라도 좋으니까, 말을 막대기로 때려

👍 **모범 번역**

でもいいから、馬を棒で殴ってみろ。そうすればその馬の宝は、お前の物になる。」
「なるほど、確かにそれは良い話だ。だが、殴ってもいい馬は、一頭だけか？三頭とも殴っては、駄目なのか？」
「はは。なんじゃ、急に欲張りになったのか。もちろん、三頭全部、殴ってもいいぞ。三番目の馬だけなら、普通の暮らし。二番目の馬も加われば、裕福な暮らし。一番目の馬も加われば、お前は金持ちになれるじゃろう。だがな、最後に通る四番目の馬だけは、決して殴るなよ。その馬は、わしが出て行く為の馬だからな。」
「わかった。最後のは殴らん。」
男はそう言うと、また寝てしまいました。
さて次の日、日の出と共に起きるはずの男は、いつものなまけぐせで少し寝坊をしてしまいました。
「あっ！寝過ごした！」
男があわてて家を飛び出すと、ちょうど家の前を立派な荷物を積んだ馬が通ろうとしていました。
「よし、間に合った。あれが金の馬だな。これでおれは、金持ちになれる。」
男は庭から物干し竿を持ち出すと、その馬の頭をめがけて振り下ろしました。
「えいっ！」
しかし物干し竿が長すぎて、途中の木の枝に引っかかってしまったのです。
その間に宝物を乗せた馬は、ゆうゆうと通り過ぎて行きました。
「しまった！金の馬を、逃してしまった！…しかたない、残りの銀の馬と銅の馬を殴ればいいか。よし、次は短い棒で」
男は台所からゴマをすりつぶす'すりこぎ棒'を持って来ると、二番目の馬がやって来るのを待ちました。
間もなく、また立派な荷物を積んだ馬が、家の前を通ろうとしました。
「よし、これが銀の馬だな。今度こそ、えいっ！」

봐. 그렇게 하면 말에 실린 보물은 다 네 것이 돼.」
「정말이지 그건 분명 좋은 얘기네. 그렇지만 때려도 되는 말은 단 한 마리뿐이야? 세 마리 다 때려서는 안 돼?」
「하하. 뭐야. 갑자기 욕심쟁이가 된 거야. 물론, 세 마리 다 때려도 되지. 세 번째 말뿐이면 보통 살림살이. (거기에) 두 번째 말도 더해지면 유복한 살림살이. (또) 첫 번째 말도 더해지면 너는 부자가 될 수 있을 거야. 그렇지만 마지막에 지나가는 네 번째 말만은 결코 때리지 마. 그 말은 내가 나가기 위한 말이니까.」
「알았어. 마지막 것은 때리지 않을 게.」
남자는 그렇게 말하고 또 누워 버렸습니다.
그런데 다음 날, 해가 뜸과 더불어 일어나야 할 남자는 평소의 게으른 버릇 때문에 조금 늦잠을 자고 말았습니다.
「아! 늦잠을 잤네!」
남자가 당황해하며 집을 뛰어나오자, 마침 집 앞을 근사한 짐을 실은 말이 지나가려 하고 있었습니다.

「좋아. 시간에 맞췄구나. 저게 금을 실은 말이야. 이로써 나는 부가가 될 수 있어.」
남자는 뜰에서 빨래 장대를 갖고 나와 그 말 머리를 겨냥해서 내리쳤습니다.
「에잇!」
그러나 빨래 장대가 너무 길어서 도중의 나뭇가지에 걸리고 말았습니다.
그러는 동안에 보물을 실은 말은 유유히 지나갔습니다.
「아뿔싸! 금을 실은 말을 놓치고 말았구나! …할 수 없지. 나머지 은의 말과 동의 말을 때리면 되겠지. 좋아. 다음은 짧은 막대기로.」
남자는 부엌에서 참깨를 갈아서 으깬 나무공이를 갖고 와서,
두 번째 말이 오기를 기다렸습니다.
이윽고 또 근사한 짐을 실은 말이 집 앞을 지나가려고 했습니다.
「좋아. 이것이 은을 실은 말이구나. 이번에야 말로 에잇!」

모범 번역

　男はすりこぎ棒を振り上げると、馬の頭をめがけて振り下ろしました。
　しかしすりこぎ棒では短すぎて、馬の頭には届きませんでした。
　宝物を乗せた馬は、男の横をゆうゆうと通り過ぎて行きます。
「しまった！またしくじったか。今度は、もう少し長めの棒にしよう」
　そこで男はてんびん棒を持って来て、次の馬が来るのを待ちました。
　やがて馬がやって来たのですが、この馬には荷物が積まれていません。
「おかしいな？銅の馬なのに、何も積んでいない。まあいい、今度こそ馬を殴って、普通の暮らしを手に入れてやる。」
　男はてんびん棒を振り上げると、馬の頭をめがけて振り下ろしました。
　てんびん棒は見事に馬の頭に命中して、馬はそのまま死んでしまいました。
「やった！銅の馬をちゃんと殴ったぞ！」
　男が大喜びしていると、家の天井裏から貧乏神が降りて来て、がっかりしながら言いました。
「ああ、なんて事を。お前は、わしが乗るはずの馬を殺してしまったな。
　せっかく、よその家で暮らそうと思ったのに、これでは旅に出られない。
　…仕方がない、これからもお前の所でやっかいになるぞ。」
　こうして男は、それからも貧乏な暮らしを続けたということです。

남자는 나무공이를 번쩍 들어, 말 머리를 겨냥해서 내리쳤습니다.

그러나 나무공이로는 너무 짧아서 말 머리에는 미치지 않았습니다.

보물을 실은 말은 남자의 옆을 느긋하게 지나갑니다.

「아뿔싸! 또 실패했다. 이번에는 좀 더 긴 듯한 막대기로 하자.」

그래서 남자는 멜대를 갖고 와서, 다음 말이 오기를 기다렸습니다.

이윽고 말이 왔습니다만, 이 말에는 짐이 실려 있지 않습니다.

「이상하네? 동을 실은 말인데, 아무것도 실려 있지 않네. 뭐, 좋아. 이번에야말로 말을 때려서, 보통의 살림살이를 손에 넣게 해 주겠어.」

남자는 멜대를 치켜 올려 말 머리를 겨냥해서 내려쳤습니다.

멜대는 훌륭하게 말 머리에 명중해서 말은 그대로 죽고 말았습니다.

「됐다! 동이 실린 말을 정확하게 때렸어!」

남자가 크게 기뻐하고 있자, 집의 지붕 밑에서 가난의 신이 내려 와서 실망하면서 말했습니다.

「아아, 어찌 이럴 수가. 너는 내가 타야 할 말을 죽이고 말았어.

모처럼 남의 집에서 살려고 했는데, 이래서는 여행을 떠날 수 없어.

…하는 수 없지. 앞으로도 너한테 신세를 져야지.」

이렇게 해서 남자는, 그 후에도 가난한 생활을 계속했다고 합니다.

제1부 수필〈중급1〉

韓国に来て感じたこと

高愛美(こう　あいみ)

　私は、韓国に来て親切な人がたくさんいると感じました。
私はソウルのある大学へ通っていますが、学生たちや先生たちと接してみて感じました。
1 私のことを知らない人でさえ、気軽に話しかけてくれます。分からないことがあるととても詳しく説明してくれます。また、「ご飯食べた？」や「明日会いましょう。」「よく眠れた？」などの言葉を挨拶のように使っています。だから、韓国には情が厚い人がたくさんいるのだと思いました。日本では、「おはよう。」「こんにちは。」「こんばんは。」以外の挨拶はほとんどしません。日本人は親切ですが、日常生活でこのように挨拶をすることは少ないです。

　また、ソウルにある食堂と日本にある食堂でも違いが分かります。日本では、どこでもかしこまった接客をすることは当たり前です。しかし、とてもかしこまっていて、客と店員の間の壁がありすぎると感じます。反対に、韓国にある食堂は日本にある食堂より接客は雑だと思いました。ですが、韓国の店員は気軽に話しかけてくれる人がたくさんいると思います。

　だから、他人同士でも壁が感じられない、温かい接客が多いのだと思いました。

　また、韓国に住んでみて感じたことは、スーパーにある物の値段が日本より少し高いということです。韓国に来る前は、日本より韓国の物価の方が安いと思っていたので驚きました。そして、韓国にあるスーパーやコンビニで1+1や2+1のサービス売りをたくさん見かけます。日本ではこれは見ることができません。これは、韓国にサービス精神が高い人が多いからできることだと感じました。しかし、韓国人はせっかちな性格の人が多いと思います。なぜならば車の運転がとても荒いからです。バスやタクシーに乗ると、スピードが速すぎて少し怖いです。日本人は慎重な人が多いのでスピードを出す人は多くはありません。このことからも、韓国人と日本人の性格の違いが分かりました。

　まだ韓国に来て2カ月も経ちませんが、自国との違いと国民性の違いを発見することができてよい経験をしていると感じます。

번역 실무 연습

모범 번역 P.65

어구 및 문형 해설

- 接する　접하다. 접촉하다. 만나다.
- こと　(어떤 대상을 중심으로 하여)그것에 관한 일체의 상태. 韓国のことには詳しい. (한국에 관해서는 해박하다)
- さえ　조차. 까지도. 마저.
- 気軽に　(어렵게 생각하지 않고)선뜻.
- 話しかける　이야기(말)를 걸다.
- 眠る　자다. 眠れる는 眠る의 가능형.
- 情が厚い　정이 깊다.
- かしこまる　(윗사람 앞에서)황공해하다. 송구해하다.
- 当たり前　당연함, 마땅함.
- ありすぎる　많이 있다. '-ます형+すぎる'는 '너무 -하다'는 뜻.
- 雑　뒤섞여 있음. 정밀하지 않음. 조잡함.

- 他人同士　남남끼리.
- 値段　값. 가격.
- コンビニ　편의점. コンビニエンス・ストア(컨비니언스 스토어)의 준말.
- 見かける　눈에 띄다. 가끔 보다. 만나다.
- せっかち　성급함. 조급함. 또는 그런 성질.
- 荒い　거칠다.
- 怖い　무섭다.
- 慎重　신중.
- 経つ　시간이 지나다. 시간이 흐르다. 経る라고 읽으면 '①(때가)지나다. 경과하다. ②(장소를)지나다. 통과하다'는 뜻.

중요한 번역 포인트

이 글에서 자주 눈에 띄는 단어는 'こと'이다, 이미 안의 〈五分次郎〉에서 'こと'에 대한 설명이 있었으나, 좀 더 부연 설명하는 것은 한국어로 'こと'에 대한 번역이 다양하게 나올 수 있기 때문이나.

1. '私のこと'에서 'こと'는 그것에 관한 일체의 상태를 나타낸다. 즉, '私のこと'는 '나의 일' 또는 "나에 대한 것'의 의미가 됨으로, 본문의 '私のことを知らない人'는 '저를 모르는 사람 또는 저에 대해서 모르는 사람'이라고 번역하는 것이 자연스럽다. '分からないこと'(모르는 것)와 '挨拶をすること'(인사를 하는 것) '感じたこと'(느낀 것 또는 느낀 사실) 'できることだと感じました'(가능한 일이라고 느꼈습니다)에 각각 쓰인 'こと'는 '일' '것', '사실' 정도의 번역을 한다. 'することができて'는 '동사의 기본형 + ことができる'(-할 수 있다)처럼 가능의 뜻으로 쓰인 경우이다. 이 밖에도 'こと'는 다른 용례로 나오는 경우가 많으므로, 그 뜻을 정확하게 알아두는 것이 좋다.

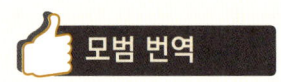

韓国に来て感じたこと

　私は、韓国に来て親切な人がたくさんいると感じました。
　私はソウルのある大学へ通っていますが、学生たちや先生たちと接してみて感じました。私のことを知らない人でさえ、気軽に話しかけてくれます。分からないことがあるととても詳しく説明してくれます。また、「ご飯食べた？」や「明日会いましょう。」「よく眠れた？」などの言葉を挨拶のように使っています。だから、韓国には情が厚い人がたくさんいるのだと思いました。日本では、「おはよう。」「こんにちは。」「こんばんは。」以外の挨拶はほとんどしません。日本人は親切ですが、日常生活でこのように挨拶をすることは少ないです。
　また、ソウルにある食堂と日本にある食堂でも違いが分かります。日本では、どこでもかしこまった接客をすることは当たり前です。しかし、とてもかしこまっていて、客と店員の間の壁がありすぎると感じます。反対に、韓国にある食堂は日本にある食堂より接客は雑だと思いました。ですが、韓国の店員は気軽に話しかけてくれる人がたくさんいると思います。だから、他人同士でも壁が感じられない、温かい接客が多いのだと思いました。
　また、韓国に住んでみて感じたことは、スーパーにある物の値段が日本より少し高いということです。韓国に来る前は、日本より韓国の物価の方が安いと思っていたので驚きました。そして、韓国にあるスーパーやコンビニで1＋1や2＋1のサービス売りをたくさん見かけます。日本ではこれは見ることができません。これは、韓国にサービス精神が高い人が多いからできることだと感じました。しかし、韓国人はせっかちな性格の人が多いと思います。なぜならば車の運転がとても荒いからです。バスやタクシーに乗ると、スピードが速すぎて少し怖いです。日本人は慎重な人が多いのでスピードを出す人は多くはありません。このことからも、韓国人と日本人の性格の違いが分かりました。
　まだ韓国に来て2カ月も経ちませんが、自国との違いと国民性の違いを発見することができてよい経験をしていると感じます。

한국에 와서 느낀 것

저는 한국에 와서 친절한 사람이 많이 있다고 느꼈습니다.

저는 서울의 어느 대학에 다니고 있습니다만, 학생들이나 선생님들과 접해 보고 느꼈습니다. 저에 대해서 모르는 사람조차 선뜻 말을 걸어 줍니다. 모르는 것이 있으면 매우 자세하게 설명해 줍니다. 또한 「밥 먹었어?」 또는 「내일 만납시다.」 「잘 잤어?」 등의 말을 인사처럼 사용하고 있습니다. 그래서 한국에는 정이 두터운(많은) 사람이 많이 있다고 생각했습니다. 일본에서는 「오하요(おはよう, 아침 인사)」 「곤니치와(こんにちは, 낮 인사)」 「곰방와(こんばんは, 밤 인사)」이외의 인사는 거의 하지 않습니다. 일본인은 친절합니다만, 일상생활에서 이렇게 인사를 하는 것은 적습니다.

또한, 서울에 있는 식당과 일본에 있는 식당에서도 차이를 알 수 있습니다. 일본에서는 어디에서도 황공해하는 접객(接客)을 하는 것은 당연합니다. 그러나 무척이나 황공해하여, 손님과 점원 사이에 너무 벽이 있다고 느낍니다. 반대로, 한국에 있는 식당은 일본에 있는 식당보다 접객은 엉성하다고 생각했습니다. 그렇지만 한국의 점원은 선뜻 말을 걸어주는 사람이 많이 있다고 생각합니다. 그래서 타인끼리라도 벽이 느껴지지 않는 따뜻한 접객이 많다고 생각했습니다.

또한 한국에 살아보고 느낀 것은 슈퍼마켓에 있는 물건의 값이 일본보다 조금 비싸다는 것입니다. 한국에 오기 전에는, 일본보다 한국의 물가가 싸다고 생각하고 있었기 때문에 놀랐습니다. 그리고 한국에 있는 슈퍼마켓이나 편의점에서 1+1이나 2+1의 서비스 팔기(끼워 팔기)를 많이 봅니다. 일본에서는 이것은 볼 수 없습니다. 이것은 한국에 서비스 정신이 높은 사람이 많기 때문에 가능한 일이라고 느꼈습니다. 그러나 한국인은 조급한 성격을 가진 사람이 많다고 생각합니다. 왜냐하면 차 운전이 너무 거칠기 때문입니다. 버스나 택시를 타면 속도가 너무 빨라서 조금 무섭습니다. 일본인은 신중한 사람이 많기 때문에, 속도를 내는 사람은 많지는 않습니다. 이러한 사실(점)에서도 한국인과 일본인의 성격은 차이를 알 수 있었습니다.

아직 한국에 와서 두 달도 지나지 않았습니다만, 자국(일본)과의 차이와 국민성의 차이를 발견할 수가 있어서 좋은 경험을 하고 있다고 느낍니다.

제1부 수필〈중급2〉

言葉のニュアンス

金孝眞（きむ　ひょうじん）

　私が高校二年生の時、東京のある大学に語学研修に行ったことがあります。寮に滞在しながら、いろいろな経験をしましたが、その中で一番驚いたのが言葉のニュアンスでした。

　日本にはレディースデーという日が週一回ありまして、女性は毎週水曜日に映画などを半額で見ることができます。

　私たちはチケットの安い水曜日を狙って韓国映画を観に行きました。字幕が日本語で出ていることが不思議で、どのように訳しているのかを気にしながら見ていると、途中、か弱い女優さんが悪口を言うシーンがありました。それは映画の流れ的に笑いをとるシーンなのですが、なんと、映画館の中で笑っているのは韓国人の私たちだけでした。
　その時、こちらに向けられた視線は、まるで「空気の読めない若者だ」と言っているようでとても恥ずかしかったです。確かそのシーンの字幕は、私が知っている悪口に当てはまるものに間違いないはずです。それなのにどうして **1 日本人の観客には受けてもらえなかったのか**、すごく衝撃的でした。

　しかし、それがきっかけとなって私は翻訳という仕事に **2 興味を持つようになりました。** 友達に雑誌の翻訳をしたり、字幕のない動画を通訳してあげたりしながらどうしたら少しでも判りやすい表現で訳せるかを勉強しました。訳し方によって違う反応が帰って来るのがすごく楽しかったです。

　そして四年後、自分の日本語のレベルが知りたかったのと、もっとネイティブらしい日本語を話したくてワーキングホリデーで再び東京に行きました。

　それまで自分なりにいろいろ勉強した訳ですから、特に問題はなかろうと、たかをくくっていましたが、それは大きな間違いでした。ある時、またニュアンスという壁にぶつかってしまいました。

　私は品川のアウトバックというレストランで働いていましたが、お客さんとのコミュニケーションの中で「いいです」という言葉が出ました。それは、飲み物のおかわりや、お皿をさげるときに聞いたものなんですが、その「いいです」が「YES」なのか「NO」なのか全く判断できなくて、すごく困りました。私を含め、一般的には「YES」の代わりに「お願いします」をよく使います。ですから「いいです」と聞いた時、私は「NO」だと判断するしかなかったので

번역 실무 연습

모범 번역 P.73

제1부 수필 〈중급 2〉

言葉のニュアンス

す。
　しかし、それは「YES」の **2** 意味だったようで、不本意ながら私はお客さんを大分待たせたことになりました。
　またそのような過ちを犯さないため、一緒に働いている日本人の子たちに聞いてみたんですが、皆、それは雰囲気で判断するしかないと言うだけでした。
　男性のお客さんはだいたい表情でわかるんですが、女性の場合、「YES」の時も「NO」の時も 優しく笑ってくださるので、その意味をキャッチするのがとても難しいです。結局、私はなるべく「YES」と **2** 思うようにしてサービスした覚えがあります。今考えてもその「いいです」には正解がなかったと思います。
　それ以外にもニュアンスで困った経験は数え切れないほどありまして、そのたびに苦労しましたが、そんな経験があったからこそ他人より言葉のニュアンスに気を使う大人になれたと思います。字幕のある映画やドラマを見ていると「これはこう訳した方がよかったんじゃないかな」と自分で訳してみたりするようになりました。
　特に、とても面白い訳し方を見つけた時には、それが気になって、元の文章を検索してみたりします。そんな好奇心を持ってこそ、よりクオリティの高い通訳になれるのではないかと思っています。

번역 실무 연습

모범 번역 P.75

 어구 및 문형 해설

- 寮 기숙사. 별장.
- レディースデー 여성에 한해여 정해진 날 하루 동안 할인해 주는 것, 특히 영화나 온천지역의 여관 등에서 주로 하고 있다.
- 半額 반액.
- 狙う 노리다. 겨냥하다. 목표로 하다.
- 訳する 번역하다. 옮기다.
- 気にする 마음에 두다. 걱정하다.
- か弱い 가냘프다. 연약하다. 애잔하다. かは (형용사에 씌워서)어디로 보나 그런 인상을 받는다는 뜻으로 어조를 고르게 하거나 강하게 한다. か黒い 거무스름한.
- 悪口を言う 욕을 하다.
- シーン 장면. 씬(scene).
- 流れ的 흐름상.
- 笑いをとる 웃음을 취하다. 웃다.
- なんと 뜻밖에도. 놀랍게도. 웬걸. 얼마나. 대단히.
- 向ける 향하다. 돌리다.
- まるで 마치
- 当てはまる 들어맞다. 적합하다.
- はず ~할 예정. 당연히 ~할 것.
- それなのに 그런데도. 그러함에도 불구하고.
- 動画 애니메이션(アニメーション)
- 訳し方 번역하는 방법(방식). 'ます형+方'는 '-하는 방법(방식)'
- ワーキングホリデー 해외여행 중인 청소년이 방문한 국가에서 일할 수 있도록 특별히 허가하는 제도.
- 自分なり 자기 나름. なりは 그것에 알맞음을 나타냄. …나름. それなら泣くわけだ.(그렇다면 울만도 하다)

- たかをくくる 대수롭지 않게 여기다. 우습게 보다. 깔보다.
- ぶつかる 부딪치다, 충돌하다.
- アウトバック 세계 각지에 체인을 두고 있는 스테이크 레스토랑.
- おかわり 같은 음식을 다시 더 먹음. 또는 그 음식. ジュースのおかわり.(주스를 한잔 더 마심)
- 皿をさげる 접시를 치우다.
- 不本意ながら 본의는 아니지만. ーながらは (체언, 형용동사 어간, 동사의 ーます형, 형용사의 기본형에 붙어서)역접의 뜻을 나타냄. ー이지만. ー면서.
- 大分 상당히. 꽤. 어지간히 =よほど・かなり, だいぶんいらこも 함.
- 過ちを犯す 잘못을 저지르다.
- 正解 정답.
- 数え切れない 헤아릴 수 없다. 동사의 연용형+切れる는 '완전히(끝까지)ー할 수 있다' 는 뜻.
- そのたびに 그 때마다.
- 苦労 고생. 수고. 걱정.
- 気を使う 마음을 쓰다. 신경 쓰다. 배려하다.
- 気になる 마음에 걸리다. 걱정이 되다.
- 元の文章 원래의 문장.
- クォリティ 품질, 성질.
- となると 그렇게 되면. 그리되면.

중요한 번역 포인트

1 日本人の観客には受けてもらえなかったのか、(일본인 관객은 받아줄 수 없있는지)

한국인이 일본어 문장을 번역할 때 자연스럽게 빈역이 되지 않는 표현 중의 하나는 'ーてもらう'와 'ーていただく'이다. 한국어로 직역하면 부자연스럽기 때문이다. 특히 이 문장에서는 '받다'는 동사, '受ける'와 'もらう'가 동시에 나오기 때문에 더욱 더 그렇다. 직역하면, '일본인 관객에게는 받아 받아들일 수 없었던 것인지'가 되어, 한국어로 이상한 문장이 된다. 이런 수수동사(授受動詞)가 나오면, 과감하게 자연스런 한국어로 바꾸어 옮기는 것이 좋다. '先生に日本語を教えていただきました'는 '선생님이 일본어를 가르쳐 주셨습니다' 혹은 선생님에게 일본어를 배웠습니다' 로 바꾸어 옮기는 것도 그러한 이유 때문이다.

2 興味を持つようになる(흥미를 갖게 되다)

意味だったようで、(의미였던 것 같고)

思うようにして、(생각하도록 하고)

위 문장에서 공통적으로 쓰이고 있는 'よう' 를 한국어로 어떻게 번역할까. 동사의 기본형＋ようになる는 '-하게(끔)되다'로 번역하는 것이 우리말로 자연스럽다. 興味を持つようになる(흥미를 갖게 되다) 訳してみたりするようになりました(번역해 보기도 하게 되었습니다)는 그런 표현의 예이다. '동사의 기본형＋ようにする'는 '-하도록 하다'가 자연스러워, 思うようにして(생각하도록 하고)는 그런 표현의 예이다.

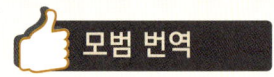

言葉のニュアンス

　私が高校二年生の時、東京のある大学に語学研修に行ったことがあります。寮に滞在しながら、いろいろな経験をしましたが、その中で一番驚いたのが言葉のニュアンスでした。
　日本にはレディースデーという日が週一回ありまして、女性は毎週水曜日に映画などを半額で見ることができます。
　私たちはチケットの安い水曜日を狙って韓国映画を観に行きました。字幕が日本語で出ていることが不思議で、どのように訳しているのかを気にしながら見ていると、途中、か弱い女優さんが悪口を言うシーンがありました。それは映画の流れ的に笑いをとるシーンなのですが、なんと、映画館の中で笑っているのは韓国人の私たちだけでした。
　その時、こちらに向けられた視線は、まるで「空気の読めない若者だ」と言っているようでとても恥ずかしかったです。確かそのシーンの字幕は、私が知っている悪口に当てはまるものに間違いないはずです。それなのにどうして日本人の観客には受けてもらえなかったのか、すごく衝撃的でした。
　しかし、それがきっかけとなって私は翻訳という仕事に興味を持つようになりました。友達に雑誌の翻訳をしたり、字幕のない動画を通訳してあげたりしながらどうしたら少しでも判りやすい表現で訳せるかを勉強しました。訳し方によって違う反応が帰って来るのがすごく楽しかったです。
　そして四年後、自分の日本語のレベルが知りたかったのと、もっとネイティブらしい日本語を話したくてワーキングホリデーで再び東京に行きました。
　それまで自分なりにいろいろ勉強した訳ですから、特に問題はなかろうと、たかをくくっていましたが、それは大きな間違いでした。ある時、またニュアンスという壁にぶつかってしまいました。
　私は品川のアウトバックというレストランで働いていましたが、お客さんとのコミュニケーションの中で「いいです」という言葉が出ました。それは、飲み物のおかわりや、お皿をさげるときに聞いたものなんですが、その「いいです」が「YES」なのか「NO」なのか全く判断できなくて、すごく困りました。私を含め、一般的には「YES」の代わりに「お願いします」をよく使います。ですから「いいです」と聞いた時、私は「NO」だと判断するしかなかったのです。

말의 뉘앙스

　제가 고등학교 2학년 때 도쿄의 어느 대학에 어학연수를 간 적이 있습니다. 기숙사에 체재하면서 여러 가지 경험을 했습니다만, 그 중에서 가장 놀란 것이 말의 뉘앙스였습니다.
　일본에는 '레이디스데이'라고 하는 날이 1주일에 한 번 있어서, 여성은 매주 수요일에 영화 등을 반액으로 볼 수가 있습니다.
　우리들은 티켓이 싼 수요일을 노려서 한국영화를 보러 갔습니다. 자막이 일본어로 나오는 것이 이상하여, 어떻게 번역하고 있는 지를 염두에 두면서 보고 있는데, 도중에 연약한 여배우가 욕을 하는 장면이 있었습니다. 그것은 영화의 흐름상 웃음을 취하는(웃는) 장면입니다만, 뜻밖에도 영화관 안에서 웃고 있는 것은 한국인인 우리들뿐이었습니다.
　그 때, 우리들에게 향해진 시선은 마치「분위기를 못 읽는 젊은 사람이다」라고 하는 것 같아서 매우 부끄러웠습니다. 확실히 그 장면의 자막은 내가 알고 있는 욕에 들어맞는 것이 틀림없습니다. 그런데도 어째서 일본인 관객은 받아줄 수 없었는지 상당히 충격적이었습니다.
　그러나 그것이 계기가 되어 나는 번역이라는 일에 흥미를 갖게 되었습니다. 친구에게 잡지 번역을 하거나, 자막이 없는 애니메이션을 통역해주거나 하면서, 어떻게 하면 조금이라도 알기 쉬운 표현으로 옮길 수 있을까를 공부했습니다. 번역하는 방식에 따라서 다른 반응이 돌아오는 것이 상당히 즐거웠습니다.
　그리고 4년 후, 자신의 일본어 레벨을 알고 싶고, 좀 더 네이티브다운 일본어를 말하고 싶어서 워킹홀리데이로 다시 도쿄로 갔습니다.
　그때까지 내 나름대로 여러 가지 공부를 했기 때문에, 특별히 문제는 없을 거라고 대수롭지 않게 여기고 있었습니다만, 그것은 커다란 착각이었습니다. 어느 때(언젠가), 또 뉘앙스라는 벽에 부딪치고 말았습니다.
　저는 시나가와(品川)의 아웃백이라는 레스토랑에서 일하고 있었습니다만, 손님과의 커뮤니케이션 중에「이이데스(いいです、좋습니다、됐습니다))」라는 말이 나왔습니다. 그것은 마실 것을 한 잔 더 달라고 할 때나 접시를 치울 때 듣는 말입니다만, 그「이이데스」가「YES」인지「NO」인지 전혀 판단할 수 없어서 무척 난처했습니다. 저를 포함해 일반적으로는「YES」대신에「부탁드립니다」를 자주 사용합니다. 그래서「이이데스」라고 들었을 때, 저는「NO」라고 판단할 수밖에 없었습니다.

모범 번역

　しかし、それは「YES」の意味だったようで、不本意ながら私はお客さんを大分待たせたことになりました。
　またそのような過ちを犯さないため、一緒に働いている日本人の子たちに聞いてみたんですが、皆、それは雰囲気で判断するしかないと言うだけでした。
　男性のお客さんはだいたい表情でわかるんですが、女性の場合、「YES」の時も「NO」の時も優しく笑ってくださるので、その意味をキャッチするのがとても難しいです。結局、私はなるべく「YES」と思うようにしてサービスした覚えがあります。今考えてもその「いいです」には正解がなかったと思います。
　それ以外にもニュアンスで困った経験は数え切れないほどありまして、そのたびに苦労しましたが、そんな経験があったからこそ他人より言葉のニュアンスに気を使う大人になれたと思います。字幕のある映画やドラマを見ていると「これはこう訳した方がよかったんじゃないかな」と自分で訳してみたりするようになりました。
　特に、とても面白い訳し方を見つけた時には、それが気になって、元の文章を検索してみたりします。そんな好奇心を持ってこそ、よりクォリティの高い通訳になれるのではないかと思っています。

그러나 그것은 「YES」의 의미였던 것 같고, 저는 본의 아니게 손님을 상당히 기다리게 한 결과가 되었습니다.

또한 그러한 잘못을 저지르지 않기 위해서, 같이 일하고 있는 일본인 친구들에게 물어 보았습니다만, 모두 그것은 분위기로 판단할 수밖에 없다고 할 뿐이었습니다.

남자 손님은 대체로 표정으로 알 수 있습니다만, 여성의 경우, 「YES」일 때도 「NO」일 때도 상냥하게 웃어 주시기 때문에, 그 의미를 파악하는 것이 매우 어렵습니다. 결국 저는 될 수 있는 한 「YES」라고 생각하며(생각하도록 했고), 서비스했던 기억이 있습니다. 지금 생각해도 그 「이이데스」에는 정답이 없었다고 생각합니다.

그 이외에도 뉘앙스로 곤란했던 경험은 셀 수 없을 정도로 있었고, 그때마다 고생했습니다만 그런 경험이 있었기 때문에, 다른 사람보다 말의 뉘앙스에 신경 쓰는 어른이 될 수 있었다고 생각합니다. 자막이 있는 영화나 드라마를 보고 있으면 「이것은 이렇게 번역하는 편이 좋지 않았을까」하고 스스로 번역해보기도 하게(끔) 되었습니다.

특히 매우 재미있는 번역을 보았을 때에는, 그것이 마음에 걸려서 원래 문장을 검색해보기도 합니다. 그런 호기심을 가지는 것이야말로, 보다 질 높은 통역이 될 수 있는 것이 아닐까 생각하고 있습니다.

素朴な琴

八木　重吉
〈やぎ　じゅうきち, 1898-1927〉

　　　この明るさのなかへ

　　　ひとつの素朴な琴をおけば

　　　秋の美しさに耐えかね

　　　琴はしずかに鳴りいだすだろう

번역 실무 연습

모범 번역 P.81

어구 및 문형 해설

- 素朴(そぼく)　　소박.
- 琴(こと)　　거문고.
- 耐(た)えかねる　　참을 수 없다. 견딜 수 없다.
- 鳴(な)りいだす　　鳴り出(だ)す의 예스런 표현.

　　　　　ーます형+だす －하기 시작하다. 감추어
　　　　　진 것·확실치 않은 것을 뚜렷이 하다.

중요한 번역 포인트

この詩は秋の美しさ、その感動を表すために琴を使っている。琴は人工的な飾りのある精巧なものでなく、単純で素朴な琴だ。
(이 시는 가을의 아름다움, 그 감동을 나타내기 위해서 거문고를 사용하고 있다. 거문고는 인공적인 꾸밈이 있는 정교한 것이 아니라, 단순하고 소박한 거문고다.)

시의 2행을 직역하면 '하나의 소박한 거문고를 놓으면'이지만, '소박한 거문고 하나를 놓으면'이라고 번역하는 것이 우리말로 더 자연스럽게 느껴진다. 4행도 직역하면 '거문고는 조용히 울려 퍼지리라'일 것이다. 역시 '거문고는 조용히 울려 퍼질 것 같네'라고 의역을 하는 것이 자연스럽게 느껴질 것 같다.

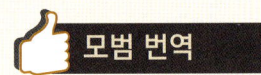

素朴（そぼく）な琴（こと）

この明（あか）るさのなかへ

ひとつの素朴（そぼく）な琴（こと）をおけば

秋（あき）の美（うつく）しさに耐（た）えかね

琴（こと）はしずかに鳴（な）りいだすだろう

소박한 거문고

이 밝음 속에

소박한 거문고 하나를 놓으면

가을의 아름다움에 견디지 못하고

거문고는 조용히 울려 퍼질 것 같네

竹

萩原朔太郎
(はぎわら　さくたろう, 1886-1942)

　ますぐなるもの地面に生え、

　するどき青きもの地面に生え、

　凍れる冬をつらぬきて、

そのみどり葉光る朝の空路に、

なみだたれ、

なみだをたれ、

いまはや懺悔をはれる肩の上より、

けぶれる竹の根はひろごり、

するどき青きもの地面に生え。

번역 실무 연습

어구 및 문형 해설

- 竹(たけ)　　대. 대나무.
- するどき青(あお)き
　　날카롭고 푸른. するどき와 青(あお)き는 각각 するどい와 青(あお)い의 예스런 말씨.
- 凍(こお)れる　얼었다. 여기에서 凍(こお)れる는 凍(こお)る(얼다)의 ~ている형인 凍(こお)っている로 해석한다.
- つらぬく(貫く)
　　관통하다. 꿰뚫다. 이룩하다. つらぬきて는 つらぬいて의 예스런 표현.
- 光(ひか)る　　빛나다.
- 空路(そらじ)　빈 터. 공터. 빈 땅.
- なみだ　　눈물.

- たれる(垂れる)
　　늘어뜨리다. 드리우다. なみだをたれる. (눈물을 흘리다)
- はや　　이미. 벌써.
- 懺悔(ざんげ)をはれる
　　참회를 끝냈다. 여기에서 'をはれる'는 '終(お)わる(끝나다)'의 과거형인 おわった의 뜻.
- けぶれる　흐려 보였다. 연기가 났다. 여기에서 けぶれる는 けぶる(안개가 끼다. 뿌옇게 보이다. 연기가 나다)의 ~ている형인 けぶっている로 해석한다.
- ひろごる　퍼지다. 넓어지다. =ひろがる.

중요한 번역 포인트

この竹はするどく青く、地面に生えている。だがこれは本当の竹の形ではない。本当の竹は枝があり、笹があり、ざわざわしている。それにもかかわらずこの詩は、私どもの眼に、いきなりするどき青きものを印象づける。
(이 대나무는 날카롭고 푸르게 땅에 돋아났다. 그렇지만 이것은 진짜 대나무의 형태가 아니다. 진짜 대나무는 가지가 있고, 잎이 있고, 와삭와삭 소리를 낸다. 그럼에도 불구하고 이 시는 우리들 눈에 돌연 날카롭고 푸른 것으로 다가오며 강한 인상을 준다.)

 이 시는 일본 근대 시인을 대표하는 한 사람인 하기와라 사쿠타로의 대표작 중 하나이다. 시에 현대어가 아닌 고어 표현이 들어 있어 다소 어렵게 느껴질 수 있으나, 시의 깊이를 음미해 보자.

竹 85

> 모범 번역

竹

ますぐなるもの地面に生え、

するどき青きもの地面に生え、

凍れる冬をつらぬきて、

そのみどり葉光る朝の空路に、

なみだたれ、

なみだをたれ、

いまはや懺悔をはれる肩の上より、

けぶれる竹の根はひろごり、

するどき青きもの地面に生え。

대

꼿꼿한 것이 땅에 돋아나

날카롭고 푸른 것이 땅에 돋아나

얼어붙은 겨울을 뚫고 나와

그 푸른 이파리 반짝이는 아침 텅 빈 길에

눈물 흘리며

눈물을 흘리며

이제 이미 참회를 끝낸 어깨 위로

아스라이 대 뿌리는 번져나가

날카로운 푸른 것이 땅에 돋아나

レモン哀歌

高村光太郎
(たかむら こうたろう, 1883-1956)

そんなにもあなたはレモンを待っていた
かなしく白いあかるい死の床で
私の手からとった一つのレモンを
あなたのきれいな歯ががりりと噛んだ
トパアズいろの香気が立つ
その数滴の天のものなるレモンの汁は
ぱつとあなたの意識を正常にした
あなたの青く澄んだ眼がかすかに笑う
わたしの手を握るあなたの力の健康さよ
あなたの咽喉に嵐はあるが
こういう命の瀬戸ぎわに
智恵子はもとの智恵子となり
生涯の愛を一瞬にかたむけた
それからひと時
昔山巓でしたような深呼吸を一つして
あなたの機関ははそれなり止まった
写真の前に挿した桜の花かげに
すずしく光るレモンを今日も置こう

번역 실무 연습

어구 및 문형 해설

- 哀歌(あいか)　애가. 슬픈 노래.
- がりりと　(단단한 물건을 깨물 때 또는 단단한 물건과 스칠 때 나는 소리)우두둑. 뿌드득. =がりっと
- 噛(か)む　(깨)물다.
- トパアズ　토패즈. 황옥(黄玉(おうぎょく)).
- 香気(こうき)が立(た)つ　향기가 나다.
- 滴(てき)　방울. 물방울.
- 汁(しる)　국물. 즙.
- ぱっと　갑자기. 확.
- 澄(す)む　맑다. 투명하다.
- かすかに　희미하게. 어렴풋이.
- 握(にぎ)る　쥐다. 잡다.

- 咽喉(のど)　인후. 목구멍.
- 嵐(あらし)　폭풍. 폭풍우.
- 瀬戸(せと)ぎわ　죽음, 승부 등의 갈림길. 원래는 좁은 해협과 넓은 바다의 경계라는 뜻.
- 一瞬(いっしゅん)　한 순간. 그 순간.
- かたむける　몸을 기울이다. 귀 기울이다.
- 山巓(さんてん)　산정. 산꼭대기.
- それなり　그대로. 그 나름. 그런대로.
- 挿(さ)す　꽂다.
- 花(はな)かげ　꽃그늘.

중요한 번역 포인트

この詩に登場する智恵子は高村光太郎の奥さんである。「レモン哀歌」を作った時、光太郎にもはや愛するものはこの世になかった。愛するものとの最後の別れは次のように記されている。
"最後の日紙絵を一まとめに自分で整理しておいたものを私に渡して、荒い呼吸の中でかすかに笑う表情をした。すっかり安心した顔であった。私の持参したレモンの香りで洗われた彼女はそれから数時間のうちに極めて静かにこの世を去った。"　(「智恵子の半生」より)

(이 시에 등장하는 치에코는 다카무라 코타로의 부인이다. 「레몬 애가」를 지었을 때, 코타로에게 이미 사랑하는 사람은 이 세상에 없었다. 사랑하는 사람과의 마지막 이별은 다음과 같이 기록되어 있다. "마지막 날 손수 종이 그림을 하나로 정리해 놓은 것을 나에게 건네며, 거친 호흡으로 희미하게 웃는 표정을 지었다. 완전히 안심한 얼굴이었다. 내가 갖고 있던 레몬향으로 씻겨진 그녀는 그리고는 몇 시간 후에 극히 조용히 이 세상을 떠났다."(「치에코의 반생(半生)」에서)

이 시는 사랑하는 부인과의 마지막 이별을 노래한 시인의 애절함이 가슴 뭉클하게 다가온다.

> 모범 번역

レモン哀歌(あいか)

そんなにもあなたはレモンを待(ま)っていた
かなしく白(しろ)いあかるい死(し)の床(とこ)で
私(わたし)の手(て)からとった一つのレモンを
あなたのきれいな歯(は)ががりりと噛(か)んだ
トパアズいろの香気(こうき)が立(た)つ
その数滴(すうてき)の天(てん)のものなるレモンの汁(しる)は
ぱっとあなたの意識(いしき)を正常(せいじょう)にした
あなたの青(あお)く澄(す)んだ眼(め)がかすかに笑(わら)う
わたしの手(て)を握(にぎ)るあなたの力(ちから)の健康(けんこう)さよ
あなたの咽喉(のど)に嵐(あらし)はあるが
こういう命(いのち)の瀬戸(せと)ぎわに
智恵子(ちえこ)はもとの智恵子(ちえこ)となり
生涯(しょうがい)の愛(あい)を一瞬(いっしゅん)にかたむけた
それからひと時(とき)
昔山巓(むかしさんてん)でしたような深呼吸(しんこきゅう)を一(ひと)つして
あなたの機関(きかん)はそれなり止(と)まった
写真(しゃしん)の前(まえ)に挿(さ)した桜(さくら)の花(はな)かげに
すずしく光(ひか)るレモンを今日(きょう)も置(お)こう

레몬 애가

그다지도 그대는 레몬을 기다리고 있었나

슬프고 희고 밝은 임종의 자리에서

내 손에서 받아든 하나의 레몬을

그대는 어여쁜 이로 힘주어 깨물었다

황옥빛 향기가 나는

그 몇 방울 하늘나라의 레몬즙은

갑작스레 그대의 의식을 바로 잡았다

그대의 푸르고 맑은 눈이 살포시 웃는다

내 손을 잡는 그대 손의 건강한 힘이여

그대의 목에 폭풍우는 거세지만

이같은 목숨의 갈림길에서

치에코는 그 옛날의 치에코가 되어

평생의 사랑을 한 순간에 모았다

그리고 한동안

옛날 산마루에서 하던 것과 같은 심호흡을 한번 하고는

그대의 기관은 그대로 멈춰버렸다

사진 앞에 꽂은 벚꽃송이 그늘에

서늘하게 빛나는 레몬을 오늘도 놓으리라

제1부 소설 〈중급6〉

注文の多い料理店

宮沢賢治
(みやざわ　けんじ, 1896-1933)

　二人の若い紳士が、すっかりイギリスの兵隊の形をして、ぴかぴかする鉄砲をかついで、白熊のような犬を二匹連れて、だいぶ山奥の、木の葉のカサカサしたとこを、こんなことを言いながら、歩いておりました。
「ぜんたい、ここらの山はけしからんね。鳥も獣も一匹もいやがらん。何でもかまわないから、早くタンタアーンと、1 やって見たいもんだなあ。」
「鹿の黄いろな横っ腹なんぞに、二三発お見舞いもうしたら、ずいぶん痛快だろうねえ。くるくる回って、それからどたっと倒れるだろうねえ。」
　それはだいぶの山奥でした。案内してきた専門の鉄砲打ちも、ちょっとまごついて、どこかへ行ってしまったくらいの山奥でした。
　それに、あんまり山が物凄いので、その白熊のような犬が、二匹いっしょにめまいを起こして、しばらく吠なって、それから泡を吐いて死んでしまいました。
「実に僕は、二千四百円の損害だ。」
　と一人の紳士が、その犬の眼を、ちょっとかえしてみて言いました。
「僕は二千八百円の損害だ。」
　と、も一人が、悔しそうに、頭を曲げて言いました。
　はじめの紳士は、すこし顔色を悪くして、じっと、も一人の紳士の、顔つきを見ながら言いました。
「僕はもう戻ろうと思う。」
「さあ、2 僕もちょうど寒くはなったし、腹は空いてきたし、戻ろうと思う。」
「そいじゃ、これで切り上げよう。なあに、戻りに、昨日の宿屋で、山鳥を十円も買って帰ればいい。」
「うさぎも出ていたねえ。そうすれば結局おんなじこった。では帰ろうじゃないか。」
　ところが、どうも困ったことは、どっちへ行けば戻れるのか、いっこうに見当がつかなくなっていました。
　風がどうと吹いてきて、草はザワザワ、木の葉はカサカサ、木はゴトンゴトンと鳴りました。

번역 실무 연습

모범 번역 P.105

注文の多い料理店

「どうも腹が空いた。さっきから横っ腹が痛くてたまらないんだ。」
「僕もそうだ。もうあんまり歩きたくないな。」
「歩きたくないよ。ああ困ったなあ、何か食べたいなあ。」
「**1** 食べたいもんだなあ」
二人の紳士は、ザワザワ鳴るすすきの中で、こんなことを言いました。
その時ふと後ろを見ますと、立派な一軒の西洋造りの家がありました。
そして玄関には
RESTAURANT
西洋料理店
WILDCAT HOUSE
山猫軒
という札が出ていました。
「君、ちょうどいい。ここはこれでなかなか開けてるんだ。入ろうじゃないか。」
「おや、こんなとこにおかしいね。しかしとにかく何か食事ができるんだろう。」
「もちろんできるさ。看板にそう書いてあるじゃないか。」
「入ろうじゃないか。僕はもう何か食べたくて倒れそうなんだ。」
二人は玄関に立ちました。玄関は白い瀬戸のレンガで組んで、実に立派なもんです。
そして硝子の開き戸が立って、そこに金文字でこう書いてありました。
「どなたもどうかお入りください。決してご遠慮はありません。」
二人はそこで、ひどく喜んで言いました。
「こいつはどうだ、やっぱり世の中はうまくできてるねえ、今日一日なんぎしたけれど、今度はこんないいこともある。この家は料理店だけれども、タダでご馳走するんだぜ。」
「どうもそうらしい。決してご遠慮はありませんというのはその意味だ。」
二人は戸を押して、中へ入りました。そこはすぐ廊下になっていました。その硝子戸の裏側には、金文字でこうなっていました。

번역 실무 연습

모범 번역 P.107

제1부 소설 〈중급6〉

注文の多い料理店

「ことに太ったお方や若いお方は、大歓迎いたします」

二人は大歓迎というので、もう大喜びです。

「君、僕らは大歓迎に当たっているのだ。」

「僕らは両方兼ねてるから。」

ずんずん廊下を進んで行きますと、今度は水色のペンキ塗りの扉とがありました。

「どうも変な家だ。どうしてこんなにたくさん戸があるのだろう。」

「これはロシア式だ。寒いとこや山の中はみんなこうさ。」

そして二人はその戸を開けようとしますと、上に黄色な字でこう書いてありました。

「当軒は注文の多い料理店ですからどうかそこはご承知ください。」

「なかなかはやってるんだ。こんな山の中で。」

「それぁそうだ。見たまえ、東京の大きな料理屋だって大通りには少ないだろう。」

二人は言いながら、その戸を開けました。するとその裏側に、

「注文はずいぶん多いでしょうが、どうか一々こらえて下さい。」

「これはぜんたいどういうんだ。」

一人の紳士は顔をしかめました。(中略)

번역 실무 연습

어구 및 문형 해설

兵隊(へいたい)	군대. 또 그 병정.	くるくる	뱅뱅. 뱅글뱅글.
ぴかぴか	반짝반짝. 번쩍번쩍.	回る(まわ)	돌다.
鐵砲(てっぽう)	총, 소총.	どたっと	털썩.
かつぐ	메다. 지다. 짊어지다.	倒れる(たお)	쓰러지다. 넘어지다.
白熊(しろくま)	흰곰.	鉄砲打ち(てっぽううち)	사냥꾼. 포수.
山奥(やまおく)	깊은 산속.	まごつく	어찌할 바를 몰라 허둥거리다. 허둥지둥하다. 갈팡질팡하다.
木の葉(このは)	나뭇잎.		
カサカサ	(바싹 마른 것들이 부딪쳐 나는 소리) 바스락바스락. 버석버석.	物凄い(ものすご)	굉장하다. 무섭다. 끔찍하다.
		めまいを起こす(お)	현기증을 일으키다. めまい는 현기증.
ーながら	동사의 ーます형에 붙어서, 두 가지 이상의 동작을 동시에 함을 말한다. テレビをみながら、ごはんを食(た)べる (텔레비전을 보면서 밥을 먹는다.)	唸る(うな)	신음하다. 으르렁거리다. 끙끙거리다.
		泡を吐く(あわ は)	거품을 물다. 토하다.
		かえす	뒤집다. 돌리다.
ーておる	ー하고 있다. ーている의 의미. ーている에 비해 예스러운 느낌을 준다.	頭を曲げる(あたま ま)	고개를 구부리다. 고개를 기울이다.
		顔つき(かお)	얼굴 생김새, 표정.
		腹が空く(はら す)	배가 고프다.
ぜんたい	원래. 본래. 대체. 도대체.	そいじゃ	それじゃ(그럼, 그러면)의 회화체 표현.
ここら	이 근처. 이 근방. 이 쯤 ＝ このへん・このあたり		
		切り上げる(き あ)	(하던 일을)일단락 짓다. 일단 끝내다.
けしからん	괘씸하다. 무엄하다. 부당하다. 좋지 않다. ＝けしからぬ. ーん과 ーぬ는 부정을 나타냄.	宿屋(やどや)	묵을 곳. 숙소.
		山鳥(やまどり)	산새.
		おんなじこった	같다. 동일하다. 마찬가지다. おなじだった의 회화체 표현.
獣(けもの)	짐승.		
いやがらん	いない의 의미. 동사의 ーます형＋やがる의 형태로, 밉거나 멸시하는 자의 동작을 막된 말로 하거나 경멸의 뜻을 나타내는데 씀. 食べやがる(처먹다). ん은 부정의 뜻.	いっこう	조금도. 전혀. 통.
		見当がつく(けんとう)	마음에 짚이다. 짐작이 가다.
		どうと吹く(ふ)	윙하고 불다.
		ザワザワ	(나뭇잎 등이 서로 스쳐 나는 소리)와삭와삭. 바삭바삭.
かまわない	상관없다.	ゴトンゴトン	(크고 무거운 물건이 부딪치거나 떨어지거나 하는 소리)쿵. 덜컥.
横っ腹(よこ ばら)	옆구리.		
なんぞ	ー같은 것. ー따위.	ーてたまらない	ー해서 견딜 수 없다. 暑(あつ)くてたまらない(더워서 견딜 수 없다.)
見舞う(みま)	(병)문안하다. 위문하다. 타격을 가하다.		
		すすき	참억새.
もうす	'言う(말하다)' 의 겸양어.	軒(けん)	건물을 세는 단위. ー채. ー집.

山猫（やまねこ）	살쾡이.
札（ふだ）	표 팻말. 간판.
開（ひら）ける	트이다. 열리다. 개발되다.
おや	(뜻밖의 일에 부딪치거나 또는 의문이 생겼을 때 내는 소리)아니. 어머나. 이런. 저런.
瀬戸（せと）のレンガ	구운 세토 벽돌. 瀬戸는 아이치현(愛知県)에 있는 도시 이름. 일본의 대표적인 도자기 산지이다. レンガ는 벽돌.
開（ひら）き戸（ど）	여닫이.
遠慮（えんりょ）	사양. 망설임.
うまくできてる	うまくできている의 준말. 잘 되어 있다. 살만하다는 뜻.
なんぎ	고생. 고통.
タダ	공짜.
ご馳走（ちそう）する	대접하다.
ぜ	(종지형에 붙어서, 친근한 사람끼리 가볍게 다짐을 하거나 주의를 환기하는데 씀)-거야. じゃ、頼（たの）むぜ.(그럼, 부탁하네.)
硝子戸（ガラスど）	유리문.
ことに	특별히. 특히.
太（ふと）る	살찌다.
いたす	하다.(する의 겸양어)
兼（か）ねる	겸하다.
ずんずん	척척. 쑥쑥. 부쩍부쩍.
廊下（ろうか）	복도.
水色（みずいろ）	물색. 푸른색.
ペンキ塗（ぬ）り	페인트를 칠한 것. 페인트를 칠함.
当軒（とうけん）	저희 가게. 우리 가게.
どうか	아무쪼록. 부디.
承知（しょうち）	알아들음. 동의. 승낙.
なかなか	꽤. 상당히.(=ずいぶん)(뒤에 부정의 말을 수반하면)좀처럼. 좀체.
はやる	번창하다. 유행하다. 날뛰다, 퍼지다.
見（み）たまう	보게 하시다 (たまう는 동사 연용형에 붙어서)-하시다. 見たまえ(보게)는 見たまう의 명령형으로 온건한 명령을 나타냄, 주로 남자가 쓴다.
こらえる	(고통 등을)참다. 견디다. 용서하다(=ゆるす).
しかめる	찌푸리다. 찡그리다.

注文の多い料理店

중요한 번역 포인트

1   やって見たいもんだなあ。(해 보고 싶단 말이야. 해 보고 싶은데 말이야.)
　　食べたいもんだなあ。(먹고 싶다고. 먹고 싶은 걸)

위 두 개의 문장에서 공통적으로 사용되는 말은 'もん'이다. 'もん'은 'もの'의 회화체 표현이다. 희망을 나타내는 ―たい형에 もんだ가 붙은 꼴은 '―하고 싶다'로 번역한다. 말하는 이의 희망을 표현하는 경우 사용한다. そうしたいものだ。(그렇게 하고 싶은 걸, 그렇게 하고 싶구먼)도 그러한 예의 하나이다. 실제로 'もの'는 다양한 예로 문장에 나타난다. 우리말 번역시 섬세함을 요구하는 단어 중의 하나이다. 본문에 나온 'やって見たいもんだなあ'를 '쏴 보고 싶은데 말이야'로 번역한 것은 총 쏘는 소리인 '탕, 타앙'(タンタアーン)하고 연결되어 있기 때문이다.

2   僕もちょうど寒くはなったし、腹は空いてきたし、戻ろうと思う。
(나도 마침 추워지고, 배는 고파 오고, 돌아갈까 생각해.)

이 문장에서는 열거나 나열을 나타내는 'し'를 어떻게 번역할 것인가와 그것을 다음에 따라오는 의지형 표현인 戻ろうと思う와 어떻게 자연스럽게 이어서 번역할 것인지가 관건이다. 여기에서 쓰인 'し'는 동시에 있는 일을 열거한 경우이다. 그 점을 염두에 두고 번역한다. 즉, '추워진다'와 '배가 고파온다'가 공존하는 경우이다. 그러한 사실을 바탕으로 자신의 의지를 나타내는 표현으로 연결하여, 戻ろうと思う는 '돌아갈까 생각해 혹은 돌아가려고 생각해'라고 옮긴다.

注文の多い料理店

注文の多い料理店

　二人の若い紳士が、すっかりイギリスの兵隊の形をして、ぴかぴかする鉄砲をかついで、白熊のような犬を二匹連れて、だいぶ山奥の、木の葉のカサカサしたとこを、こんなことを言いながら、歩いておりました。
「ぜんたい、ここらの山はけしからんね。鳥も獣も一匹もいやがらん。何でもかまわないから、早くタンタアーンと、やって見たいもんだなあ。」
「鹿の黄いろな横っ腹なんぞに、二三発お見舞いもうしたら、ずいぶん痛快だろうねえ。くるくる回って、それからどたっと倒れるだろうねえ。」
　それはだいぶの山奥でした。案内してきた専門の鉄砲打ちも、ちょっとまごついて、どこかへ行ってしまったくらいの山奥でした。
　それに、あんまり山が物凄いので、その白熊のような犬が、二匹いっしょにめまいを起こして、しばらく唸って、それから泡を吐いて死んでしまいました。
「実に僕は、二千四百円の損害だ。」
と一人の紳士が、その犬の眼を、ちょっとかえしてみて言いました。
「僕は二千八百円の損害だ。」
と、も一人が、悔しそうに、頭を曲げて言いました。
　はじめの紳士は、すこし顔色を悪くして、じっと、も一人の紳士の、顔つきを見ながら言いました。
「僕はもう戻ろうと思う。」
「さあ、僕もちょうど寒くはなったし、腹は空いてきたし、戻ろうと思う。」
「そいじゃ、これで切り上げよう。なあに、戻りに、昨日の宿屋で、山鳥を十円も買って帰ればいい。」
「うさぎも出ていたねえ。そうすれば結局おんなじこった。では帰ろうじゃないか。」
　ところが、どうも困ったことは、どっちへ行けば戻れるのか、いっこうに見当がつかなくなっていました。
　風がどうと吹いてきて、草はザワザワ、木の葉はカサカサ、木はゴトンゴトンと鳴りました。

주문이 많은 요리점

두 사람의 젊은 신사가 완전히 영국 병사 차림새를 하고, 번쩍번쩍 빛나는 권총을 차고, 흰곰 같은 개를 두 마리 데리고, 꽤나 깊은 산속의 나뭇잎이 바스락거리는 곳을 이런 얘기를 하면서 걷고 있었습니다.

「원래 이 근처 산은 좋지 않아. 새도 짐승도 한 마리도 없어. 뭐든 상관없으니까, 빨리 탕, 타앙 하고 쏴 보고 싶은데 말이야.」

「사슴의 노란 옆구리 같은 데에, 두 세 발 타격을 가하면, 엄청 통쾌 할 텐데. 빙글빙글 돌다가 털썩 쓰러질 거니까 말이야.」

그것은 아주 깊은 산속이었습니다. 안내해 온 전문 사냥꾼도 잠깐 갈팡질팡하다가 어딘가로 가버릴 정도의 깊은 산속이었습니다.

게다가 산이 너무 험하기 때문에, 그 하얀 곰 같은 개가 두 마리 모두 다 현기증을 일으켜 잠시 신음하더니, 그 후 거품을 물고 죽고 말았습니다.

「정말이지 나는 2,400엔 손해야.」

하고 한 신사가 그 개의 눈을 살짝 뒤집어 보며 말했습니다.

「나는 2,800엔 손해야.」

라고 또 한 사람이 분하다는 듯, 고개를 기울이며 말했습니다.

처음의 그 신사는 조금 좋지 않은 안색으로, 가만히 또 다른 한 명의 신사 얼굴을 보면서 말했습니다.

「나는 이제 돌아갈까 생각해.」

「그래, 나도 마침 추워지고, 배는 고파 오고, 돌아갈까 생각했어.」

「그럼, 이만 그만 두기로 하자. 뭐, 돌아가는 길에 어제 묵은 숙소에서 산새를 10엔어치 사 갖고 돌아가면 돼.」

「토끼도 나와 있었어. 그렇게 하면 결국 사냥한 거나 마찬가지야. 그럼 돌아가자고.」

그런데 정말 난처한 것은 어느 쪽으로 가야 돌아갈 수 있을지 전혀 짐작을 할 수 없게 된 것입니다.

바람이 '윙' 하고 불어왔고, 풀은 '바삭바삭' 나뭇잎은 '바스락바스락' 나무는 '덜컥' 하고 울렸습니다.

注文の多い料理店

 모범 번역

「どうも腹が空いた。さっきから横っ腹が痛くてたまらないんだ。」
「僕もそうだ。もうあんまり歩きたくないな。」
「歩きたくないよ。ああ困ったなあ、何か食べたいなあ。」
「食べたいもんだなあ。」
　二人の紳士は、ザワザワ鳴るすすきの中で、こんなことを言いました。
　その時ふと後ろを見ますと、立派な一軒の西洋造りの家がありました。
　そして玄関には

RESTAURANT
西洋料理店

WILDCAT HOUSE
山猫軒

という札が出ていました。
「君、ちょうどいい。ここはこれでなかなか開けてるんだ。入ろうじゃないか。」
「おや、こんなとこにおかしいね。しかしとにかく何か食事ができるんだろう。」
「もちろんできるさ。看板にそう書いてあるじゃないか。」
「入ろうじゃないか。僕はもう何か食べたくて倒れそうなんだ。」
　二人は玄関に立ちました。玄関は白い瀬戸のレンガで組んで、実に立派なもんです。
そして硝子の開き戸が立って、そこに金文字でこう書いてありました。
「どなたもどうかお入りください。決してご遠慮はありません。」
　二人はそこで、ひどく喜んで言いました。
「こいつはどうだ、やっぱり世の中はうまくできてるねえ、今日一日なんぎしたけれど、今度はこんないいこともある。この家は料理店だけれども、タダでご馳走するんだぜ。」
「どうもそうらしい。決してご遠慮はありませんというのはその意味だ。」
　二人は戸を押して、中へ入りました。そこはすぐ廊下になっていました。その硝子戸の裏側には、金文字でこうなっていました。

「정말 배가 고파. 아까부터 옆구리가 아파서 견딜 수가 없어.」

「나도 그래. 이제 더 걷고 싶지 않아.」

「걷고 싶지 않아. 아아, 곤혹스러워. 뭔가 먹고 싶어.」

「먹고 싶다고.」

두 신사는 바삭바삭 소리가 나는 참억새 속에서 이런 이야기를 나누고 있었습니다.

그 때 문득 뒤를 돌아보니, 근사한 서양식 집 한 채가 있었습니다.

그리고 현관에는,

RESTAURANT

서양 요리점

WILDCAT HOUSE

살쾡이 집

이라고 하는 간판이 나와 있었습니다.

「자네, 마침 잘 됐네. 여기는 꽤나 개발이 돼 있어. 들어가 보자고.」

「아니, 이런 곳에 이상하네. 그러나 어쨌든 뭔가 먹을 수 있겠지.」

「물론 그렇고말고. 간판에 그렇게 쓰여 있잖아.」

「들어가 볼까. 나는 정말이지 뭔가 먹고 싶어서 쓰러질 것 같아.」

두 사람은 현관에 섰습니다. 현관은 하얀색의 구운 벽돌로 만들어서 정말 멋있습니다.

그리고 유리로 된 여닫이가 서 있고, 거기에 금색 글자로 이렇게 쓰여 있었습니다.

「어떤 분이라도 아무쪼록 들어오세요. 결코 사양하지 마세요.」

두 사람은 그래서 몹시 기뻐하며 말했습니다.

「이거 어때? 역시 세상은 살만해. 오늘 하루 고생했지만, 이번에는 이런 좋은 일도 있어. 이 집은 음식점이지만 공짜로 대접해 준다잖아.」

「아무래도 그런 것 같아. '결코 사양하지 마세요' 는 그런 뜻이야.」

두 사람은 문을 밀고 안으로 들어갔습니다. 거기는 바로 복도로 되어 있었습니다. 그 유리문 안쪽에는 금색 글자로 이렇게 쓰여 있었습니다.

모범 번역

「ことに太ったお方や若いお方は、大歓迎いたします。」
二人は大歓迎というので、もう大喜びです。
「君、僕らは大歓迎に当たっているのだ。」
「僕らは両方兼ねてるから。」
ずんずん廊下を進んで行きますと、今度は水色のペンキ塗りの扉とがありました。
「どうも変な家だ。どうしてこんなにたくさん戸があるのだろう。」
「これはロシア式だ。寒いとこや山の中はみんなこうさ。」
そして二人はその戸を開けようとしますと、上に黄色な字でこう書いてありました。
「当軒は注文の多い料理店ですからどうかそこはご承知ください。」
「なかなかはやってるんだ。こんな山の中で。」
「それぁそうだ。見たまえ、東京の大きな料理屋だって大通りには少ないだろう。」
二人は言いながら、その戸を開けました。するとその裏側に、
「注文はずいぶん多いでしょうが、どうか一々こらえて下さい。」
「これはぜんたいどういうんだ。」
一人の紳士は顔をしかめました。(中略)

「특히 살찐 분이나 젊은 분은 대환영입니다.」
두 사람은 대환영이라고 해서 아주 기뻐합니다.
「자네, 우리들은 대환영을 받고 있는 거야.」
「우리들은 양쪽 다 갖추었으니까.」
 성큼성큼 복도를 걸어가자, 이번에는 푸른색 페인트가 칠해진 문이 있었습니다.
「어쩐지 이상한 집이야. 왜 이렇게 문이 많이 있는 걸까?」
「이건 러시아식이야. 추운 곳이나 산 속은 모두 다 이래.」
그리고 두 사람은 그 문을 열려고 하자, 위에 노란 글자로 이렇게 쓰여 있었습니다.
「저희 가게는 주문이 많은 요리점이니까, 아무쪼록 그 점은 양해를 해 주십시오.」
「엄청 잘 나가는 데구나. 이런 산 속에서.」
「그야 그렇겠지. 보게나. 도쿄의 큰 음식점도 큰 거리에는 적을 거야.」
두 사람은 말하면서 그 문을 열었습니다. 그러자 그 안쪽에,
「주문은 상당히 많겠지만, 아무쪼록 하나하나 잘 견뎌 주세요.」
「이건 도대체 뭐라는 거야.」
한 신사가 얼굴을 찌푸렸습니다. (중략)

제1부 소설 〈고급1〉

有島武郎
(ありしま　たけお, 1878-1923)

　僕は小さいときに、絵を描くことがすきでした。**1** ぼくの通っていた学校は横浜の山の手という所にありましたが、そこいらは西洋人ばかり住んでいる町で、僕の学校も教師は西洋人ばかりでした。そして、その学校の行き帰りには、いつでもホテルや、西洋人の会社などがならんでいる海岸の通りを通るのでした。通りの海ぞいに立って見ると、真っ青な海の上には軍艦だの商船だのがいっぱいならんでいて、煙突から **1** 煙の出ているのや、ほ柱からほ柱へ万国旗を掛け渡したのやがあって、目が痛いようにきれいでした。僕は岸に立って、その景色を見わたして、うちに帰ると、覚えているだけをできるだけ美しく絵に描いてみようとしました。けれども、**2** あのすき通るような海のあい色と、白いほまえ船などの水ぎわ近くにぬってある洋紅色とは、**1** 僕の持っている絵の具では、どうしてもうまく出ませんでした。いくら描いても、本当の景色で見るような色には描けませんでした。

　ふと、僕は学校の友達の持っている西洋絵の具を思い出しました。その友達は、やはり西洋人で、しかも僕より二つぐらい年が上でしたから、せいは見上げるように大きい子でした。ジムというその子の持っている絵の具は、はくらいの上等のもので、軽い木の箱の中に十二種の絵の具が、小さなすみのように四角な形にかためられて、二列にならんでいました。どの色も美しかったが、とりわけて、**2** 藍と洋紅とはびっくりするほど美しいものでした。ジムは僕よりせいが高いくせに、絵はずっと下手でした。それでもその絵の具をぬると、下手な絵さえなんだか見ちがえるように美しく見えるのです。僕はいつでもそれをうらやましいと思っていました。あんな絵の具さえあれば、僕だって、海の景色を、本当に海に見えるように描いて見せるのになあと、自分の悪い絵の具を恨みながら考えました。そうしたら、その日からジムの絵の具がほしくってほしくってたまらなくなりましたけれど、僕はなんだか臆病になって、パパにもママにも買って下さいと願う気になれないので、毎日毎日、その絵の具のことを心の中で思いつづけるばかりでいく日か日がたちました。

　今ではいつの頃だったか覚えてはいませんが、秋だったのでしょう。ぶどうの実が熟していたのですから。天気は、冬が来る前の秋によくあるように、空の奥の奥まで **3** 見すかされそうに晴れわたった日でした。僕達は先生と一緒に弁当を食べましたが、その楽しみな弁当の最中でも、僕の心はなんだか落ち着かないで、その日の空とはうらはらに暗かったのです。僕は自分一人で考えこんでいました。誰かが気がついて見たら、顔もきっと青かったか

번역 실무 연습

제1부 소설 〈고급1〉

一房の葡萄

も知れません。僕はジムの絵の具がほしくってほしくってたまらなくなってしまったのです。胸が痛むほどほしくなってしまったのです。ジムは僕の胸の中で考えていることを知っているにちがいないと思って、そっとその顔を見ると、ジムはなんにも知らないように、面白そうに笑ったりして、わきに座っている生徒と話をしているのです。でも、その笑っているのが僕のことを知っていて笑っているようにも思えるし、何か話をしているのが、

「いまに見ろ、あの日本人が僕の絵の具を取るにちがいないから。」

と言っているようにも思えるのです。僕はいやな気持ちになりました。けれども、ジムが僕を疑っているように見えれば見えるほど、僕はその絵の具がほしくてならなくなるのです。僕はかわいい顔はしていたかも知れないが、体も心も弱い子でした。そのうえ臆病者で、言いたいことも言わずに済ますような質でした。**4 だからあんまり人からは、かわいがられなかったし、友達もない方でした。**昼ご飯が済むと、他の子供達は活発に運動場に出て走り回って遊びはじめましたが、僕だけはなおさらその日は変に心が沈んで、一人だけ教場にはいっていました。外が明るいだけに教場の中は暗くなって、僕の心の中のようでした。(中略)

번역 실무 연습

모범 번역 P.119

어구 및 문형 해설

一房(ひとふさ)	한 송이.		墨(すみ)	먹.
ぶどう	포도.		固(かた)める	굳히다. 단단히 하다.
描(か)く	묘사하다. 그리다.		くせに	그런데도. −이면서도. −주제에.
そこいら	그 근방. 근처.		臆病(おくびょう)	겁이 많음. 또는 그런 사람.
行(ゆ)き帰(かえ)り	가고 오는 길. 学校の行き帰り (등·하교 길.)		いく日(にち)	며칠. 몇 날.
真(ま)っ青(さお)な	새파란.		熟(じゅく)す	(과일 등이)익다. (기회 등이)무르익다.
だの	명사 등에 붙어서 열거를 나타냄. −이라든가.		見(み)すかす	꿰뚫어 보다. 간파하다. 알아채다.
帆柱(ほばしら)	돛대.		晴(は)れわたる	온 하늘이 활짝 개다.
万国旗(ばんこくき)	만국기.		最中(さいちゅう)	한창 −한 때.
掛(か)け渡(わた)す	건너지르다. 놓다.		落(お)ち着(つ)く	안정되다.
岸(きし)	물가. 벼랑. 낭떠러지.		考(かんが)え込(こ)む	골똘히 생각하다. 생각에 잠기다.
すき通(とお)る	물건을 통해 맞은편에 있는 것이 보이다. 투명하다.		気(き)がつく	깨닫다. 생각이 나다. 주의가 미치다.
藍色(あいいろ)	남색.		うらはら	정반대임. 상반됨. 모순됨.
ほまえ船(せん)	서양식 대형범선.		そっと	살그머니. 살짝. 조용히. 가만히. 몰래.
水(みず)ぎわ	물가.		わき	곁. 옆.
洋紅色(ようこうしょく)	양홍색, 선홍색.		思(おも)える	생각되다. (자연히)그렇게 느끼다.
いくらーても	아무리 −하더라도. いくら勉強(べんきょう)しても彼(かれ)にはかなわない. (아무리 공부해도 그는 당해낼 수 없다)		いまに	곧. 이제. 머지않아.
			取(と)る	빼앗다. 탈취하다. 훔치다.
			いや	싫음.
ふと	문득.		疑(うたが)う	의심하다.
思(おも)い出(だ)す	생각해 내다. 생각나다.		済(す)ます	끝내다. 마치다.
せい	높이. 키.		質(たち)	성질. 체질. 품질.
はくらい(舶来)	외래.		走(はし)り回(まわ)る	뛰어 돌아다니다.
上等(じょうとう)	고급. 훌륭함.		なおさら	더욱 더. 그 위에.
			変(へん)	이상함.
			沈(しず)む	가라앉다.
			教場(きょうじょう)	교실.

중요한 번역 포인트

1. ぼく<u>の</u>通っていた学校 (내가 다니고 있던 학교)

   煙<u>の</u>出ているの (연기가 나오는 것)

   僕<u>の</u>持っている絵の具 (내가 갖고 있는 그림물감)

   이 세 개의 문장은 밑줄 친 の의 번역에 주의해야 한다. 공통점은 の가 조사 が(-이, -가)와 같은 뜻을 갖는다는 점이다. 특히 이 소설에서는 그런 예가 많이 나온다. 문장구조가 A の B C의 구조, 즉, B가 C를 수식하고, B 앞에 の가 올 경우는 が의 의미로 해석하는 경우가 많다. 通っていた가 学校를 수식하는 문장구조이고, 앞에 の가 있다. 따라서 우리말 번역은 '내가 다니고 있던 학교'로 옮기고, 煙の出ているの, 僕の持っている絵の具 도 각각 '연기가 나오는 것' '내가 갖고 있는 그림물감' 으로 옮긴다.

2. あのすき通るような海のあい色<u>と</u>、白いほまえ船などの水ぎわ近くにぬってある洋紅色<u>と</u>は、ぼくの持っている絵の具では、どうしてもうまく出ませんでした。
   (그 투명한 바다의 쪽빛과 하얀 범선 등의 물가 근처에 칠해진 선홍색은 내가 가지고 있는 그림물감으로는 도저히 잘 나오지 않았습니다.)

   藍<u>と</u>洋紅<u>と</u>はびっくりするほど美しいものでした。
   (남색과 선홍색은 깜짝 놀랄만큼 아름다운 것이었습니다.)

   이 두 개의 문장은 밑줄 친 'と'의 번역에 주의해야 한다. 즉, 위의 문장을 분석해 보면, 결국은 AとBとはうまくでませんでした(A와 B는 잘 나오지 않았습니다)이다. 번역해 보면, 그림물감으로 잘 나오지 않은 것은 A) 그 투명한 바다의 쪽빛, 그리고 B) 하얀 범선 등의 물가 근처에 칠해진 선홍색, 이다. 문장이 다소 길게 나올 때는, 무엇과 무엇이 'と'에 연결되어 있는지를 잘 살펴서 옮기는 것이 좋다.

3. 見すかされそうに晴れわたった日でした。(훤히 보일 것 같이 활짝 갠 날이었습니다)

   이 문장은 見すかされそうに를 어떻게 번역하는가가 중요하다. 기본형 見すかす의 수동형인 見すかされる에 양태표현으로 바꾸기 위한 そうだ가 붙은 꼴이다. 見すかす(꿰뚫어 보다. 훤히 보다)→見すかされる(꿰뚫어 보이다. 훤히 보이다)→見すかされそうだ(훤히 보일 것 같다)→見すかされそうに(훤히 보일 것 같이) 로 옮긴다.

4. だからあんまり人からは、かわいがられなかったし、友達もない方でした。
   (그래서 그다지 타인으로부터는 귀여움을 받지 못했고, 친구도 없는 편이었습니다)

   이 문장에서 번역할 때 주의를 요하는 곳은 'かわいがられなかったし' 이다. 동사 かわいがる의 수동형인 かわいがられる에 부정 형태인 かわいがられない가 되었다. ーない의 과거형(ーかった)에 열거를 나타내는 'し'가 붙은 꼴이다. 따라서 かわいがる(귀여워하다)→ かわいがられる(귀여움 받다)→ かわいがられなかった(귀여움 받지 않았다. 귀여움 받지 못했다)→かわいがられなかったし(귀여움 받지 않았고, 귀여움 받지 못했고)로 옮긴다.

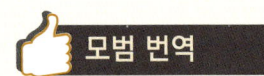

一房の葡萄
ひとふさ の ぶどう

　僕は小さいときに、絵を描くことがすきでした。ぼくの通っていた学校は横浜の山の手という所にありましたが、そこいらは西洋人ばかり住んでいる町で、僕の学校も教師は西洋人ばかりでした。そして、その学校の行き帰りには、いつでもホテルや、西洋人の会社などがならんでいる海岸の通りを通るのでした。通りの海ぞいに立って見ると、真っ青な海の上には軍艦だの商船だのがいっぱいならんでいて、煙突から煙の出ているのや、ほ柱からほ柱へ万国旗を掛け渡したのやがあって、目が痛いようにきれいでした。僕は岸に立って、その景色を見わたして、うちに帰ると、覚えているだけをできるだけ美しく絵に描いてみようとしました。けれども、あのすき通るような海のあい色と、白いほまえ船などの水ぎわ近くにぬってある洋紅色とは、僕の持っている絵の具では、どうしてもうまく出ませんでした。いくら描いても、本当の景色で見るような色には描けませんでした。

　ふと、僕は学校の友達の持っている西洋絵の具を思い出しました。その友達は、やはり西洋人で、しかも僕より二つぐらい年が上でしたから、せいは見上げるように大きい子でした。ジムというその子の持っている絵の具は、はくらいの上等のもので、軽い木の箱の中に十二種の絵の具が、小さなすみのように四角な形にかためられて、二列にならんでいました。どの色も美しかったが、とりわけて、藍と洋紅とはびっくりするほど美しいものでした。ジムは僕よりせいが高いくせに、絵はずっと下手でした。それでもその絵の具をぬると、下手な絵さえなんだか見ちがえるように美しく見えるのです。僕はいつでもそれをうらやましいと思っていました。あんな絵の具さえあれば、僕だって、海の景色を、本当に海に見えるように描いて見せるのになあと、自分の悪い絵の具を恨みながら考えました。そうしたら、その日からジムの絵の具がほしくってほしくってたまらなくなりましたけれど、僕はなんだか臆病になって、パパにもママにも買って下さいと願う気になれないので、毎日毎日、その絵の具のことを心の中で思いつづけるばかりでいく日か日がたちました。

　今ではいつの頃だったか覚えてはいませんが、秋だったのでしょう。ぶどうの実が熟していたのですから。天気は、冬が来る前の秋によくあるように、空の奥の奥まで見すかされそうに晴れわたった日でした。僕達は先生と一緒に弁当を食べましたが、その楽しみな弁当の最中でも、僕の心はなんだか落ち着かないで、その日の空とはうらはらに暗かったのです。僕は自分一人で考えこんでいました。誰かが気がついて見たら、顔もきっと青かったか

한 송이 포도

 나는 어릴 때에 그림 그리기를 좋아했습니다. 내가 다니고 있던 학교는 요코하마의 야마노테 라는 곳에 있었습니다만, 그 부근은 서양인들이 살고 있는 동네로, 우리 학교도 교사는 서양인뿐이었습니다. 그리고 등·하교 길에는 언제라도 호텔이나 회사 등이 늘어선 해안 거리를 지나는 것이었습니다. 그 거리에 서서 바다를 보면, 새파란 바다 위에는 군함이나 상선이 가득 줄지어 떠있었고, 굴뚝에서 연기가 나오는 것이랑, 돛대에서 돛대로 만국기가 걸쳐 있는 모습은 눈이 아플 정도로 아름다웠습니다. 나는 자주 벼랑 위에 서서 그 경치를 바라보다 집으로 돌아와 기억나는 것을 최대한 아름답게 그려보려고 했습니다. 하지만 그 투명한 바다의 쪽빛과 하얀 범선 등의 물가 근처에 칠해진 선홍색은 내가 가지고 있는 물감으로는 도저히 잘 나오지 않았습니다. 아무리 그려도 진짜 경치에서 볼 수 있는 색을 그려낼 수가 없었습니다.

 문득, 나는 학교 친구가 갖고 있는 서양 그림물감이 생각났습니다. 그 친구는 역시 서양인으로, 게다가 나보다 두 살 정도 나이가 많았기 때문에, 키는 올려다 볼 만큼 큰 아이였습니다. 짐이라는 그 아이가 갖고 있는 그림물감은 외제의 아주 좋은 것으로 가벼운 나무 상자 속에 열 두 개의 그림물감이 작은 먹처럼 네모 난 형태로 굳어진 채, 두 줄로 나란히 줄지어 있었습니다. 어느 색이나 아름다웠지만, 특히 남색과 선홍색은 깜짝 놀랄 만큼 아름다웠습니다. 짐은 나보다 키가 크면서도 그림은 훨씬 못 그렸습니다. 그래도 그 그림물감을 칠하면, 못 그리는 그림마저도 왠지 몰라볼 것처럼 아름답게 보이는 것입니다. 나는 언제라도 그것을 부럽다고 생각하고 있었습니다. '그런 그림물감만 있으면 나도 바다 경치를 진짜 바다로 보이게 그려 보일 텐데', 하고 자신의 나쁜 그림물감을 원망하면서 생각했습니다. 그랬더니 그날부터 짐의 그림물감을 너무나도 갖고 싶어서 견딜 수가 없게 되었습니다. 하지만 나는 왠지 겁쟁이가 되어, 엄마한테도 아빠한테도 '사 주세요' 라는 말을 하지 못했기에, 매일 매일, 마음속에서 그 그림물감 생각을 할 뿐이었고, 며칠인가 시간이 흘렀습니다.

 지금은 언제 적이었는지 기억하고 있지 않습니다만, 가을이었을 것입니다. 포도 열매가 익어가고 있었으니까요. 날씨는 겨울이 오기 전의 가을에 흔히 있는 것처럼, 하늘 깊숙한 곳까지 훤히 보일 것 같이 활짝 갠 날이었습니다. 우리들은 선생님과 같이 도시락을 먹었습니다만, 한창 즐겁게 도시락을 먹는 중에도 내 마음은 왠지 안정되지를 않았고, 그 날의 하늘과는 정반대로 어두웠습니다. 나는 혼자 스스로 생각에 잠겨 있었습니다. 누군가가 주의를 갖고 본다면, 얼굴은 분명 창백했을지도 모릅니다.

も知れません。僕はジムの絵の具がほしくってほしくってたまらなくなってしまったのです。胸が痛むほどほしくなってしまったのです。ジムは僕の胸の中で考えていることを知っているにちがいないと思って、そっとその顔を見ると、ジムはなんにも知らないように、面白そうに笑ったりして、わきに座っている生徒と話をしているのです。でも、その笑っているのが僕のことを知っていて笑っているようにも思えるし、何か話をしているのが、
「いまに見ろ、あの日本人が僕の絵の具を取るにちがいないから。」
と言っているようにも思えるのです。僕はいやな気持ちになりました。けれども、ジムが僕を疑っているように見えれば見えるほど、僕はその絵の具がほしくてならなくなるのです。

僕はかわいい顔はしていたかも知れないが、体も心も弱い子でした。そのうえ臆病者で、言いたいことも言わずに済ますような質でした。だからあんまり人からは、かわいがられなかったし、友達もない方でした。昼ご飯が済むと、他の子供達は活発に運動場に出て走り回って遊びはじめましたが、僕だけはなおさらその日は変に心が沈んで、一人だけ教場にはいっていました。外が明るいだけに教場の中は暗くなって、僕の心の中のようでした。(中略)

나는 짐의 그림물감을 너무나 갖고 싶어서 견딜 수 없게 되어 버렸습니다. 가슴이 아플수록 갖고 싶어져 버린 것입니다. 짐은 내 가슴속에서 생각하고 있는 것을 알고 있음에 틀림없다고 생각하고, 슬쩍 그 얼굴을 보니, 짐은 아무것도 모르는 듯, 재미있는 듯 웃기도 하고, 옆에 앉아 있는 학생과 대화를 하고 있는 것입니다. 하지만 그 웃고 있는 것이 내 생각을 알고 있어서 웃는 것처럼 생각되고 무언가 얘기를 하고 있는 것이,

「이제 봐라. 틀림없이 저 일본인이 내 그림물감을 훔쳐갈 것이니까.」

라고 말하고 있는 것처럼 생각되었습니다. 나는 언짢은 기분이 되었습니다. 그렇지만 짐이 나를 의심하고 있는 것처럼 보이면 보일수록 나는 그 그림물감을 갖고 싶어지는 것입니다.

나는 귀여운 얼굴을 하고 있었는지도 모르지만, 몸도 마음도 약한 아이였습니다. 게다가 겁쟁이고, 말하고 싶은 것도 말하지 못하고 끝내는 그런 성격이었습니다. 그래서 그다지 타인으로부터는 귀여움을 받지 못했고, 친구도 없는 편이었습니다. 점심시간이 끝나자, 다른 아이들은 활발하게 운동장에 나가 이리저리 뛰어 돌아다니며 놀기 시작했습니다만, 나만은 더욱 더 그 날은 이상하게 마음이 침울해져서 혼자만 교실에 들어가 있었습니다. 밖이 밝은 만큼 교실 안은 어두워져 내 마음속 같았습니다. (중략)

제1부 소설 〈고급2〉

鼻

芥川竜之介
(あくたがわ　りゅうのすけ, 1892-1927)

　禅智内供の鼻といえば、池の尾で知らない者はない。長さは五六寸あって上唇の上からあごの下まで下っている。形は元も先も同じように太い。いわば細長い腸詰めのような物が、ぶらりと顔のまん中からぶら下っているのである。

　五十歳を越えた内供は、沙弥の昔から、内道場供奉の職にのぼった今日まで、内心では始終この鼻を苦に病んで来た。勿論表面では、今でもさほど気にならないような顔をしてすましている。これは専念に当来の浄土を渇仰すべき僧侶の身で、鼻の心配をするのが悪いと思ったからばかりではない。それよりむしろ、自分で鼻を気にしているという事を、人に知られるのが嫌だったからである。内供は日常の談話の中に、鼻という語が出て来るのを何よりもおそれていた。

　内供が鼻を持てあました理由は二つある。——ひとつは実際的に、鼻の長いのが不便だったからである。第一飯を食う時にもひとりでは食えない。ひとりで食えば、鼻の先がかなまりの中の飯へとどいてしまう。そこで内供は弟子の一人を膳の向うへ坐らせて、飯を食う間中、**1 広さ一寸長さ二尺ばかりの板で、鼻を持上げていてもらう**事にした。しかしこうして飯を食うという事は、持上げている弟子にとっても、持上げられている内供にとっても、決して容易な事ではない。一度この弟子の代りをした中童子が、くさめをした拍子に手がふるえて、鼻を粥の中へ落した話は、当時京都まで喧伝された。——けれどもこれは内供にとって、決して鼻を苦に病んだ重な理由ではない。内供は実にこの鼻によって傷つけられる自尊心のために苦しんだのである。

　池の尾の町の者は、こういう鼻をしている禅智内供のために、内供の俗でない事を仕合せだといった。あの鼻では誰も妻になる女があるまいと思ったからである。中にはまた、あの鼻だから出家したのだろうと批評する者さえあった。しかし内供は、自分が僧であるために、幾分でもこの鼻に煩される事が少くなったと思っていない。内供の自尊心は、妻帯というような結果的な事実に左右されるためには、あまりにデリケイトに出来ていたのである。そこで内供は、積極的にも消極的にも、この自尊心の毀損を恢復しようと試みた。

　第一に内供の考えたのは、この長い鼻を実際以上に短く見せる方法である。これは人のいない時に、鏡へ向って、いろいろな角度から顔を映しながら、熱心に工夫を凝らして見た。

번역 실무 연습

제1부 소설 〈고급2〉

鼻

　どうかすると、顔の位置を換えるだけでは、安心が出来なくなって、頬杖をついたりあごの先へ指をあてがったりして、根気よく鏡をのぞいて見る事もあった。しかし自分でも満足するほど、鼻が短く見えた事は、これまでにただの一度もない。時によると、苦心すればするほど、**2 かえって長く見えるような気さえした。**内供は、こういう時には、鏡を箱へしまいながら、今更のようにため息をついて、不承不承にまた元の経机へ、観音経をよみに帰るのである。

　それからまた内供は、絶えず人の鼻を気にしていた。池の尾の寺は、僧供講説などのしばしば行われる寺である。寺の内には、僧坊が隙なく建て続いて、湯屋では寺の僧が日毎に湯を沸かしている。従ってここへ出入する僧俗の類も甚だ多い。内供はこういう人々の顔を根気よく物色した。一人でも自分のような鼻のある人間を見つけて、安心がしたかったからである。だから内供の眼には、紺の水干も白の帷子もはいらない。まして柑子色の帽子や、椎鈍の法衣なぞは、見慣れているだけに、有れども無きが如くである。内供は人を見ずに、ただ、鼻を見た。——しかし鍵鼻はあっても、内供のような鼻は一つも見当らない。その見当らない事が度重なるに従って、内供の心は次第にまた不快になった。内供が人と話しながら、思わずぶらりと下っている鼻の先をつまんで見て、年甲斐もなく顔を赤らめたのは、全くこの不快に動かされての所為である。

　最後に、**2 内供は、内典外典の中に、自分と同じような鼻のある人物を見出して、せめても幾分の心やりにしようとさえ思った事がある。**けれども、目連や、舎利弗の鼻が長かったとは、どの経文にも書いてない。(中略)

번역 실무 연습

모범 번역 P.131

어구 및 문형 해설

池の尾	교토부(京都府)에 있는 지명.
上唇	윗입술.
あご	턱.
下る	내려가다. 기온이나 체온 등이 떨어지다. 매달리다.
元	기원, 원점, 처음, 뿌리
先	끝, 앞, 장래, 앞날
いわば	말하자면. 이를테면. 富士山はいわば日本のシンボルだ.(후지산은 말하자면 일본의 상징이다)
細長い	가늘고 긴.
腸詰め	소시지. 순대.
ぶらり	(매달려 있는 모양)대롱대롱.
ぶら下る	매달리다. 늘어지다. 눈앞에 어른거리다.
越える	넘다. 건너다. 어떤 시기를 지나다.
沙弥	막 출가하여 수행이 미숙한 스님.
内道場供奉	벼슬의 일종.
内心	내심, 속마음.
始終	항상, 언제나.
苦に病む	고민하다.
さほど	그토록. 그렇게까지. 그다지. 그리. 별로.
気になる	걱정이 되다, 신경이 쓰이다.
専念	전념.
当来	미래. 내세(来世).
浄土	정토. 불교에서 말하는 정토세계, 즉 부처와 보살이 살아 아무런 근심 걱정이 없는 곳.
渇仰	(목마른 이가 물을 갈망하듯 부처를 갈구한다는 뜻에서)깊이 믿음.
むしろ	오히려. 차라리.
懼れる	무서워하다. 두려워하다.
持てあます	어떻게 해야 할지 난처해하다. 주체 못하다. 처치 곤란해 하다.
食う	たべる보다 격이 떨어지는 말. 먹다.
鋺	음식물을 담는 금속으로 만든 공기.
膳	(요리를 얹는)상. 밥상. 요리가 차려진 상.
板	판자. 널빤지. 판.
持上げる	들어 올리다. 쳐들다.
～にとって	-로서. -에게 있어서.
嚔	재채기. =くしゃみ
中童子	절에서 잔심부름을 하던 소년. 나이에 따라 대·중·소로 나누었다.
拍子	-하는 바람에. -하는 순간에. 転んだ拍子に忘れてしまった。(넘어지는 바람에 잊어버리고 말았다)
手がふるえる	손이 떨리다.
粥	죽.
喧伝	훤전. 왁자하게 세상에 퍼뜨림.
傷つける	다치게 하다. 파손하다. 부상을 입히다. 손상시키다.
自尊心	자존심.
俗	속세. 승려가 아닌 일반인.
仕合せ(幸せ)	행운. 운. 운수. 행복.
～まい	1. (부정의 의지를 나타내어)-하지 않을 생각이다. -않겠다. =ーないつもりだ。ぼくは行くまい。(나는 가지 않겠다) 2. (부정의 추측을 나타내어)-하지 않을 것이다. -잃겠지. =ーないだろう。彼も知るまい。(그도 모를 것이다)
出家	출가. 가족과 인연을 끊고 불교에 입문하여 수행생활을 하는 것.
批評	비평.
幾分	일부분. 어느 정도. 얼마(쯤). 조금. 약간 = やや.
煩(わ)す	괴롭히다. 수고를 끼치다.
妻帯	대처. 아내를 둠.

積極的(せっきょくてき)	적극적.
消極的(しょうきょくてき)	소극적.
毀損(きそん)	훼손.
恢復(回復)(かいふく)	회복.
試みる(こころみる)	-해보다, 시도하다.
鏡(かがみ)	거울.
映す(うつす)	그림자를 비추다. 투영(投影)하다.
工夫を凝らす(くふうをこらす)	머리를 짜다.
どうかすると	어쩌면. 자칫 잘못하면. 때때로. 툭하며.
頬杖をつく(ほおづえをつく)	(손으로)턱을 괴다.
あてがう	할당하다. 주다. 어떤 물건에 다른 물건을 꼭 대다.
根気(こんき)	끈기.
今更(いまさら)	이제 와서, 새삼스럽게.
ため息をつく(いきをつく)	한숨을 쉬다.
不承不承(ふしょうぶしょう)	마지못해. 싫어하면서. 할 수 없이.
経机(きょうづくえ)	불교 경전을 놓고 읽는 책상.
観音経(かんのんぎょう)	관음경. 법화경(法華經)제8권 제25품(品)보문품(普門品)의 별칭(別稱). 관세음보살의 공덕이나 묘력(妙力)을 설명한다.
絶えず(たえず)	끊임없이. 항상. 언제나.
僧供講説(そうぐこうせつ)	승공(僧供)은 승려를 향응 공양하는 모임. 강설(講説)은 법의(法義)를 강의하는 것.
しばしば	누차. 자주. 여러 차례.
僧坊(そうぼう)	승려들이 불상을 모셔놓고 불도를 닦으면서 교의를 펴는 곳. 승려가 기거하는 곳.
隙(げき)	틈. 짬. 빈틈. 허점.
湯屋(ゆや)	대중목욕탕. 욕실.
湯を沸かす(ゆをわかす)	물을 끓이다.
日毎(ひごと)	매일. 날마다. 그 날 그 날. 하루하루.
従って(したがって)	따라서. 그러므로.
甚だ(はなはだ)	매우. 심히. 대단히. 몹시.
物色(ものいろ)	사람이나 물건을 찾거나 고름.
水干(すいかん)	사냥복의 일종. 민간의 평상복.
帷子(かたびら)	비단이나 마로 만든, 속을 대지 않은 홑저고리.
まして	하물며. 더구나. 한층 더. 더욱더.
柑子色(こうじいろ)	붉은 빛을 띤 노란색. 스님의 모자 색깔.
椎鈍(しいにび)	엷은 먹물색.
法衣(ころも)	승복.
見慣れる(みなれる)	낯익다.
有れども無きが如く(あれどもなきがごとく)	있어도 없는 것처럼. 없는 것과 마찬가지.
鍵鼻(かぎばな)	매부리코.
度重なる(たびかさなる)	거듭되다.
次第に(しだいに)	점차로, 차츰차츰.
つまむ	(손가락으로)집다. 잡다.
年甲斐(としがい)	나잇값. 年甲斐もない(나잇값도 못한다).
赤らめる(あからめる)	붉히다.
所為(しょい)	까닭. 때문. 행위.
内典外典(ないてんげてん)	내전은 불교의 교전(教典). 외전은 그 이외의 일반서.
見出す(みいだす)	찾아내다. 발견하다.
心やり(こころやり)	심심풀이. 기분전환. 위안. 동정.
目連(もくれん)	목련. 석가모니의 열 제자 중의 한 사람.
舎利弗(しゃりほつ)	사리불. 석가모니의 열 제자 중의 한 사람.
経文(きょうもん)	경문. 불교 경전.

중요한 번역 포인트

1. 広さ一寸長さ二尺ばかりの板で、鼻を持上げていてもらう事にした。
   (넓이 한 치에 길이 두 자나 되는 판자로 코를 치켜들고 있도록 했다)

   이 문장도 'ーてもらう'가 포함되어 있다. 鼻を持上げていてもらう事にした 를 직역하면, '코를 치켜들어 있어 받기로 했다' 가 된다. 역시 자연스럽지 못한 우리말로 인해, '코를 치켜들고 있도록 했다' 고 번역하는 것이 좋다.

2. かえって長く見えるような気さえした。(오히려 길게 보이는 것 같은 생각조차 들었다)
   内供は、内典外典の中に、自分と同じような鼻のある人物を見出して、せめても幾分の心やりにしようとさえ思った事がある。
   (나이구는 내전외전 가운데, 자기와 같은 코를 지녔던 인물을 찾아내어, 어느 정도의 위안을 삼으려는 생각을 한 적도 있다)

   이 두 개의 문장에서 공통적으로 쓰인 단어는 'さえ' 이다. 첫 번째 문장은 직역에 가까운 번역을 해도 크게 이상하지 않은 문장이지만, 두 번째 문장은 우리말 번역이 쉽지 않아 보인다. 특히 '自分と同じような鼻のある人物を見出して、せめても幾分の心やりにしようとさえ思った事がある。'를 보자. 직역하면, '자기와 같은(비슷한)코가 있는 인물을 찾아내서, 적어도 약간의 위안으로 삼으려고 조차 생각한 적도 있다' 이다. 이것을 좀 더 자연스럽게, '나이구는 내전외전 가운데, 자기와 같은 코를 지녔던 인물을 찾아내어, 어느 정도의 위안을 삼으려는 생각을 한 적도 있었다. 로 옮긴다. '나이구는 내전외전 가운데 자기와 같은 코를 지녔던 인물을 찾아내려는, 그런 생각을 했던 때도 있었다' 고 옮기는 것도 무방해 보인다.

제1부 초/고급
소설

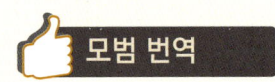

鼻

　禅智内供の鼻といえば、池の尾で知らない者はない。長さは五六寸あって上唇の上からあごの下まで下っている。形は元も先も同じように太い。いわば細長い腸詰めのような物が、ぶらりと顔のまん中からぶら下っているのである。
　五十歳を越えた内供は、沙弥の昔から、内道場供奉の職にのぼった今日まで、内心では始終この鼻を苦に病んで来た。勿論表面では、今でもさほど気にならないような顔をしてすましている。これは専念に当来の浄土を渇仰すべき僧侶の身で、鼻の心配をするのが悪いと思ったからばかりではない。それよりむしろ、自分で鼻を気にしているという事を、人に知られるのが嫌だったからである。内供は日常の談話の中に、鼻という語が出て来るのを何よりもおそれていた。
　内供が鼻を持てあました理由は二つある。——ひとつは実際的に、鼻の長いのが不便だったからである。第一飯を食う時にもひとりでは食えない。ひとりで食えば、鼻の先がかなまりの中の飯へとどいてしまう。そこで内供は弟子の一人を膳の向うへ坐らせて、飯を食う間中、広さ一寸長さ二尺ばかりの板で、鼻を持上げていてもらう事にした。しかしこうして飯を食うという事は、持上げている弟子にとっても、持上げられている内供にとっても、決して容易な事ではない。一度この弟子の代りをした中童子が、くさめをした拍子に手がふるえて、鼻を粥の中へ落した話は、当時京都まで喧伝された。——けれどもこれは内供にとって、決して鼻を苦に病んだ重な理由ではない。内供は実にこの鼻によって傷つけられる自尊心のために苦しんだのである。
　池の尾の町の者は、こういう鼻をしている禅智内供のために、内供の俗でない事を仕合せだといった。あの鼻では誰も妻になる女があるまいと思ったからである。中にはまた、あの鼻だから出家したのだろうと批評する者さえあった。しかし内供は、自分が僧であるために、幾分でもこの鼻に煩される事が少くなったと思っていない。内供の自尊心は、妻帯というような結果的な事実に左右されるためには、あまりにデリケイトに出来ていたのである。そこで内供は、積極的にも消極的にも、この自尊心の毀損を恢復しようと試みた。
　第一に内供の考えたのは、この長い鼻を実際以上に短く見せる方法である。これは人のいない時に、鏡へ向って、いろいろな角度から顔を映しながら、熱心に工夫を凝らして見た。

코

 젠치 나이구(禅智内供, 젠치는 사람 이름이고, 나이구는 스님의 관직명이다)의 코라고 하면, 이케노오(池の尾)에서 모르는 사람이 없다. 길이는 대 여섯 치나 되고 윗입술 위에서부터 턱 밑까지 늘어져 있다. 모양은 위나 끝이나 한결같이 굵다. 말하자면 가늘고 긴 소시지 같은 것이 흐늘흐늘 얼굴 한가운데서부터 축 늘어져 있는 것이다.

 나이 쉰을 넘은 나이구는, 옛날 샤미(沙彌, 막 출가한 수행이 미숙한 스님)에서부터 내도장공봉(內道場供奉, 벼슬의 일종)이란 벼슬에 오른 오늘날까지 항상 이 코에 대해서 속앓이를 하고 있었다. 물론 겉으로는 지금도 그렇게 신경 쓰지 않는 것 같은 얼굴로 태연한 체 하고 있다. 이것은 오로지 전념하여 앞으로 도래할 극락정토를 동경하고 닦아야 하는 승려의 몸으로서, 코에 대한 걱정을 한다는 것이 나쁘다고 생각했기 때문만은 아니다. 그 보다 자기가 코를 가지고 마음을 쓴다는 사실을 스스로 남에게 알리는 것이 싫었기 때문이다. 나이구는 일상의 대화중에 코라고 하는 말이 나오는 것을 무엇보다도 두려워하고 있었다.

 나이구가 코를 놓고 기를 못 펴는 이유가 두 가지 있었다. ---그 하나는 실제로 코가 긴 것이 불편하기 때문이었다. 무엇보다도, 밥을 먹을 때도 혼자서는 먹을 수 없다. 혼자서 밥을 먹으려면 코끝이 밥그릇 속의 밥에 닿아버렸다. 그래서 나이구는 제자 한 사람을 밥상 맞은편 자리에 앉혀 놓고, 식사를 하는 동안 넓이 한 치에 길이 두 자나 되는 판자로 코를 치켜들고 있도록 했다. 그러나 이렇게 해서 식사를 한다는 것은 판자를 들고 있는 제자에게 있어서나 그와 반대인 나이구에게 있어서나 결코 쉬운 일은 아니었다. 한번은 이 제자를 대신한 동자가 재채기를 하는 바람에 손이 떨려서 코를 죽 그릇 속에 떨어뜨렸다는 이야기는, 당시 교토(京都)까지 널리 퍼졌었다. ---그렇지만 이것은 나이구에 있어서 결코 코 때문에 마음을 앓았던 중요한 이유는 아니다. 나이구는 사실 이 코로 인해 상처 입은 자존심 때문에 괴로워했던 것이다.

 이케노오 거리의 사람들은 이러한 코를 가진 젠치 나이구를 위해서는 그가 세속의 사람이 아닌 것을 행복이라고들 했다. 저 코를 보면 아내가 되고 싶어할 여자는 아무도 없을 거라고 생각했기 때문이었다. 그중에는 또 저 코 때문에 출가를 했을 거라고 평을 하는 사람들조차 있었다. 그러나 나이구는 자기가 중이어서 이 코 때문에 번뇌하는 일이 다소나마 적어 졌다고 생각하지는 않았다. 나이구의 자존심은 대처(帶妻)라고 하는 결과적인 사실에 좌우되기에는 너무나도 예민하게 생겼던 것이다. 그래서 나이구는 적극적으로나 소극적으로나 이 훼손된 자존심을 회복하려고 시도했다.

 가장 먼저 나이구가 생각한 방법은, 이 긴 코를 실제보다 짧게 보이도록 하는 것이었다. 사람이 아무도 없을 때 거울에 여러 가지 각도에서 얼굴을 비춰보면서, 열심히 궁리를 해보았다.

> 모범 번역

　どうかすると、顔の位置を換えるだけでは、安心が出来なくなって、頬杖をついたりあごの先へ指をあてがったりして、根気よく鏡をのぞいて見る事もあった。しかし自分でも満足するほど、鼻が短く見えた事は、これまでにただの一度もない。時によると、苦心すればするほど、かえって長く見えるような気さえした。内供は、こういう時には、鏡を箱へしまいながら、今更のようにため息をついて、不承不承にまた元の経机へ、観音経をよみに帰るのである。

　それからまた内供は、絶えず人の鼻を気にしていた。池の尾の寺は、僧供講説などのしばしば行われる寺である。寺の内には、僧坊が隙なく建て続いて、湯屋では寺の僧が日毎に湯を沸かしている。従ってここへ出入する僧俗の類も甚だ多い。内供はこういう人々の顔を根気よく物色した。一人でも自分のような鼻のある人間を見つけて、安心がしたかったからである。だから内供の眼には、紺の水干も白の帷子もはいらない。まして柑子色の帽子や、椎鈍の法衣なぞは、見慣れているだけに、有れども無きが如くである。内供は人を見ずに、ただ、鼻を見た。──しかし鍵鼻はあっても、内供のような鼻は一つも見当らない。その見当らない事が度重なるに従って、内供の心は次第にまた不快になった。内供が人と話しながら、思わずぶらりと下っている鼻の先をつまんで見て、年甲斐もなく顔を赤らめたのは、全くこの不快に動かされての所為である。

　最後に、内供は、内典外典の中に、自分と同じような鼻のある人物を見出して、せめても幾分の心やりにしようとさえ思った事がある。けれども、目連や、舎利弗の鼻が長かったとは、どの経文にも書いてない。(中略)

어떤 때는 얼굴의 방향을 바꾸는 것만으로는 안심할 수가 없어서 볼을 짚어 보기고 하고 턱을 괴어 보기도 하며 끈기 있게 거울을 들여다보는 일도 있었다. 그러나 스스로 만족할 만큼 코가 짧게 보인 적은 지금까지 단 한 번도 없었다. 때에 따라서는 고심을 하면 할수록 오히려 길게 보이는 것 같은 생각조차 들었다. 나이구는 이 같은 경우에는 거울을 상자 속에 집어넣으며 새삼스레 한숨을 쉬고는 어쩔 수 없이 또 관음경을 읽기 위해서 다시 책상 앞으로 돌아가는 것이다.

그 이후로도 나이구는 또 끊임없이 다른 사람의 코를 살피고 있었다. 이케노오의 절은 종종 승공강설(僧供講說)등을 거행하는 사찰이다. 절 안에는 많은 승방이 즐비하게 만들어져 있고, 탕전(湯殿)에서는 스님들이 날마다 더운 물을 끓였다. 따라서 여기에 출입하는 승속(僧俗)의 수효도 무척이나 많다. 나이구는 이러한 사람들의 얼굴을 끈기 있게 관찰했다. 한 사람이라도 자신과 같은 코를 한 사람을 발견하고 안심을 하고 싶었기 때문이다. 그래서 나이구의 눈에는 풀하지 않은 감색 사냥복 같은 것도 하얀 홑저고리 같은 것도 눈에 들어오지 않았다. 더군다나 감색 모자나 엷은 먹물색의 법의(法衣) 같은 것은 눈에 익숙해져 있는 만큼, 눈앞에 보일지라도 없는 것과 마찬가지였다.

나이구는 사람을 보지 않고 오로지 코만 보았다. ---그러나 매부리코는 있어도 나이구와 같은 코는 하나도 볼 수 없었다. 그렇게 찾아 볼 수 없는 나날이 거듭됨에 따라, 나이구의 마음은 점점 더 불안해져 갔다. 나이구가 다른 사람과 이야기를 하면서 자기도 모르게 출렁 늘어져 있는 코끝을 건드려 보고는 나잇값도 못하고 얼굴을 붉혔던 것은 온전히 이 불안에서 연유한 것이다.

마지막으로 나이구는 내전외전(內典外典, 불교의 책과 불교 이외의 책) 가운데, 자기와 같은 코를 지녔던 인물을 찾아내어, 어느 정도의 위안을 삼으려는 생각을 한 적도 있었다. 그렇지만 어느 경전에도 목련(目連, 석가모니의 열 제자 중의 한 사람)이나, 사리불(舍利佛, 석가모니의 열 제자 중의 한 사람)의 코가 길었다는 이야기는 쓰여 있지 않았다. (중략)

제1부 칼럼 〈고급3〉

日本における「韓流」と韓国における「日流」

大野 俊
(おおの　しゅん)

　映画・テレビドラマなどにおける「韓流」でも、福岡は「先進地」である。日本の韓流は、NHKが2003年に衛星放送で、翌年に地上波でも放送した『冬のソナタ』からというのがほぼ定説だが、実はその7年も前に福岡の民放テレビが韓国のドラマを連続放送している。1996年10月、福岡の民放テレビ局、TXN九州（現・TVQ九州）が開局5周年を記念し、韓国文化放送（MBC）のドラマ『ザ・パイロット』など3作品を放送した。ここには、のちに南北分断の緊張と悲劇を描いた映画『シュリ』（カン・ジェギュ監督、1999年製作）の主演を務めた男優のハン・ソッキュら、現代の韓国芸能界を代表する俳優が出演していた。この映画は韓国映画として日本で初めて100万人以上の観客を動員する大ヒットとなり、ハンの出演作品はその後、日本の衛星放送チャンネルなどでいくつも放送された。

　福岡市から釜山市まではフライトで30分、高速船で3時間弱。この地理的近さゆえに、韓国が日本大衆文化に対して「鎖国政策」を採っていた時代も両国のラジオ放送はお互いにスピルオーバー（電波越境）するなど、福岡県民にとって韓国文化はもともと身近な存在だった。その分、近年、魅力を増した韓国のテレビドラマなどの「韓流」も先取りできたのである。

　韓流は、中国では1990年後半から起きていた。「韓流」という言葉自体、中国語の「寒流」の発音にひっかけて造られた言葉である。「韓流」のドラマや映画は、台湾のほか、フィリピン、シンガポール、タイ、ミャンマーなど東南アジアでも人気が博している。

　このため、福岡で開催された第一回日中韓シンポジウムでは、東アジアにおける「韓流」の地域拡散の理由が、この地域の基底文化との関連でも議論された。3ヵ国の漢字文化に通じる李相哲教授は『宮廷女官チャングムの誓い』（韓国文化放送が2003年～04年放送）を例として取り上げた。儒教を統治理念にしていた朝鮮王朝の時代、1名もなき女性が宮中の最高料理人で王の主治医にもなる、実在人物のサクセス・ストーリーだが、聖なる者でも世俗的でもない、その間にある生き様を理想とするところが儒教的価値観に合った「古き良き東アジア」であり、東アジア地域の人々がそれに共感を覚えた、と彼は指摘した。また、洪潤植教授は、韓流の汎東アジア的広がりについて「東アジア人が長い間にわたって共有してきた文化的同質性の回復を意味するのではないか」と問題提起をした。

번역 실무 연습

제1부　칼럼 〈고급3〉

日本における「韓流」と韓国における「日流」

　韓流作品の海外への広がりは、むろん基底文化だけでは説明できない。キリスト教徒が国民の大多数を占めるフィリピンでも、『Jewel in the Palace(チャングムの誓い)』をはじめ韓国作品が好評を博し、地元で「コレアノベラ(Koreanovela)」と呼ばれる連続テレビドラマがお茶の間にすっかり定着した。華人系などの家族を除けば、フィリピン国民の間に儒教的価値観は共有されていない。

　それでも、韓流が非儒教圏を含む東アジアに広がったのは、強引な女性が男性を振り回すコメディー映画『猟奇的な彼女』（クァク・ジェヨン監督、2001年製作）、年上女性のラブコメディー・ドラマ『私の名前はキム・サムスン』（韓国文化放送が2005年放送）など非儒教的な作品作りにも成功したことが大きい。(中略)

ー大野俊,「日本における「韓流」と韓国における「日流」,『メディア文化と相互イメージ形成』より

번역 실무 연습

✓ 어구 및 문형 해설

~における	-에 있어서의.
翌年(よくとし)	익년. 이듬해. 다음 해.
ほぼ	거의.
のち	(시간적으로)후. 뒤. 다음. 나중.
弱(じゃく)	조금 모자람. -빠듯. 萬円弱(만 엔 빠듯).
ゆえに	〈부사적으로〉-때문. -까닭. -로 말미암음. 〈접속사〉 그러므로. 따라서. 그런고로.
採(と)る	채택하다.
スピルオーバー(電波越境)	스필오버(spill-over)란 TV나 라디오에 있어서, 행정상 방송면허로 설정한 방송 대상 지역 외에까지 방송국이 방송전파를 필요 이상으로 송출해 버리는 일을 가리키는 말이다.
電波(でんぱ)	전파.
越境(えっきょう)	월경. 경계를 넘음.
もともと	원래. 본디.
身近(みぢか)	자기 몸 가까운 곳. 신변. 자기와 관계가 깊음.
その分(ぶん)	그 만큼. 그 정도.
近年(きんねん)	근래. 근년.
先取(さきど)り	선취. 남보다 먼저 가짐. (대금이나 이자 등을) 미리 받음.
ひっかける	걸다. 관련시키다.
博(はく)する	(명예나 이익 등을)얻다. 차지하다. 떨치다.
議論(ぎろん)	논의. 토론.
通(つう)じる	정통하다
宮廷女官(きゅうていじょかん)	궁궐에서 일하는 여자 관리. 宮廷은 궁정. 궁궐. 대궐. 궁중. 女官(じょかん)은 궁주에서 일하는 여자 관리. 「にょかん」이라고도 함.
誓(ちか)い	맹세. 서약.
名(な)もなき	이름도 없다. 이름도 없는. 名もない 의 예스런 표현.
聖(せい)なる	성스러운. 거룩한.
古(ふる)き良(よ)き	오래된 좋은. 古い良い의 예스런 표현.
生(い)き様(ざま)	살아 나가는 태도. 삶. 살아가는 방법.
基底(きてい)	기저. 기본.
広(ひろ)がり	퍼짐. 넓어짐.
占(し)める	차지하다.
地元(じもと)	그 고장. 그 지방. 자기의 생활 근거지.
お茶(ちゃ)の間(ま)	가족이 모여서 식사하는 방. 거실. 다실(茶室(ちゃしつ)).
すっかり	완전히. 매우. 아주.
華人系(かじんけい)	중국인계.
除(のぞ)く	제외하다.
振(ふ)り回(まわ)す	휘두르다.

중요한 번역 포인트

1 名もなき女性が宮中の最高料理人で王の主治医にもなる、実在人物のサクセス・ストーリーだが、聖なる者でも世俗的でもない、

(이름도 없는 여성이 궁중의 최고 요리사로 왕의 주치의도 되는, 실재 인물의 성공 스토리이지만, 성스러운 것도 세속적인 것도 아닌)

이 문장에서 번역시 주의해야 할 곳은 '主治医にもなる、' '聖なる者でも世俗的でもない、' 두 곳이다. '명사+になる' 는 '-이 되다' '-가 되다' 로 번역하는 것이 일반적이지만, 'ーにもなる'는 '-도 된다' 로 번역을 해야 한다는 점을 알아둔다. '主治医にもなる、' 를 '주치의도 되는, ' 이라고 뒤의 말과 연결하는 형태로 옮긴 것은 にもなる 다음에 있는 콤마(、)때문이다. 때로는 정확하게 번역하기 위해 콤마도 잘 살펴서 옮겨야 한다.

聖なる者でも世俗的でもない、는 명사의 부정을 나타내는 표현이다. 'A(체언)でも B(체언)でもない' 의 경우, 우리말로 'A도 B도 아니다' 의 뜻이다. 따라서 이 표현은, '성스런 것도 세속적인 것도 아닌' 이라고 옮긴다. 역시 뒤의 말과 연결하기 위해 쓰인 でもない 뒤의 콤마(、)의 역할도 살려야 할 것이다.

 모범 번역

日本における「韓流」と韓国における「日流」

映画・テレビドラマなどにおける「韓流」でも、福岡は「先進地」である。日本の韓流は、NHKが2003年に衛星放送で、翌年に地上波でも放送した『冬のソナタ』からというのがほぼ定説だが、実はその7年も前に福岡の民放テレビが韓国のドラマを連続放送している。1996年10月、福岡の民放テレビ局、TXN九州(現・TVQ九州)が開局5周年を記念し、韓国文化放送(MBC)のドラマ『ザ・パイロット』など3作品を放送した。ここには、のちに南北分断の緊張と悲劇を描いた映画『シュリ』(カン・ジェギュ監督、1999年製作)の主演を務めた男優のハン・ソッキュら、現代の韓国芸能界を代表する俳優が出演していた。この映画は韓国映画として日本で初めて100万人以上の観客を動員する大ヒットとなり、ハンの出演作品はその後、日本の衛星放送チャンネルなどでいくつも放送された。

福岡市から釜山市まではフライトで30分、高速船で3時間弱。この地理的近さゆえに、韓国が日本大衆文化に対して「鎖国政策」を採っていた時代も両国のラジオ放送はお互いにスピルオーバー(電波越境)するなど、福岡県民にとって韓国文化はもともと身近な存在だった。その分、近年、魅力を増した韓国のテレビドラマなどの「韓流」も先取りできたのである。

韓流は、中国では1990年後半から起きていた。「韓流」という言葉自体、中国語の「寒流」の発音にひっかけて造られた言葉である。「韓流」のドラマや映画は、台湾のほか、フィリピン、シンガポール、タイ、ミャンマーなど東南アジアでも人気が博している。

このため、福岡で開催された第一回日中韓シンポジウムでは、東アジアにおける「韓流」の地域拡散の理由が、この地域の基底文化との関連でも議論された。3ヵ国の漢字文化に通じる李相哲教授は『宮廷女官チャングムの誓い』(韓国文化放送が2003年〜04年放送)を例として取り上げた。儒教を統治理念にしていた朝鮮王朝の時代、名もなき女性が宮中の最高料理人で王の主治医にもなる、実在人物のサクセス・ストーリーだが、聖なる者でも世俗的でもない、その間にある生き様を理想とするところが儒教的価値観に合った「古き良き東アジア」であり、東アジア地域の人々がそれに共感を覚えた、と彼は指摘した。また、洪潤植教授は、韓流の汎東アジア的広がりについて「東アジア人が長い間にわたって共有してきた文化的同質性の回復を意味するのではないか」と問題提起をした。

일본에 있어서의「한류」와 한국에 있어서의「일류」

　영화·TV 드라마 등에 있어서의「한류」에서도 후쿠오카(福岡)는「선진 지역(先進地域)」이다. 일본의 한류는 NHK가 2003년에 위성방송으로 다음 해에 지상파로도 방송한『후유노 소나타(冬のソナタ, 원제목은 《겨울 연가》)』부터 라고 하는 것이 거의 정설이지만, 사실은 그 7년이나 전에 후쿠오카의 민방(民放) TV가 한국의 드라마를 연속 방송했다. 1996년 10월, 후쿠오카의 민방 TV국, TXN 규슈(현·TVQ 규슈)가 개국 5주년을 기념하여, 한국문화방송(MBC)의 드라마『더·파일럿』등 세 작품을 방송했다. 여기에는 후에 남북분단의 긴장과 비극을 그린 영화『쉬리』(강제규 감독, 1999년 제작)의 주연을 맡은 남자 배우인 한석규 등, 현대의 한국 예능계를 대표하는 배우가 출연했었다. 이 영화는 한국영화로서 일본에서 처음으로 100만 명 이상의 관객을 동원하는 큰 힛트를 쳤고, 한석규의 출연작품은 그 후, 일본의 위성방송채널 등에서 여러 편이나 방송되었다.

　후쿠오카시에서 부산시까지는 비행기로 30분, 고속선(高速船)으로 3시간이 채 안 걸린다. 이러한 지리적 가까움으로 인해, 한국이 일본대중문화에 대해서「쇄국정책」을 채택하고 있던 시대에도 양국의 라디오 방송은 서로 스필오버(spill-over, 전파 월경)를 하는 등, 후쿠오카 현민(県民)에게 있어서 한국문화는 원래 친근한 존재였다. 그 만큼, 근래 매력을 더한 한국의 TV 드라마 등의「한류」도 앞질러 가질 수 있었던 것이다.

　한류는 중국에서는 1990년 후반부터 일어났다.「한류」라는 말 자체, 중국어의「한류(寒流)」의 발음과 관련지어 만들어진 말이다.「한류」의 드라마나 영화는, 타이완 외에, 필리핀, 싱가포르, 타이, 미얀마 등 동남아시아에서도 인기를 얻고 있다.

　이 때문에, 후쿠오카에서 개최된 제1회 한중일 심포지엄에서는 동아시아에 있어서의「한류」의 지역 확산의 이유가 이 지역의 기저문화(基底文化)와의 관련에서도 논의되었다. 3개국의 한자문화에 정통한 리 소테츠 교수는『궁궐 여 관리 장금의 맹세』(한국문화방송이 2003년~04년 방송)를 예로 들었다. 유교를 통치이념으로 삼고 있었던 조선왕조 시대, 이름도 없는 여성이 궁중의 최고 요리사로 왕의 주치의도 되는, 실재인물의 성공 스토리이지만, 성스러운 것도 세속적인 것도 아닌, 그 사이에 있는 삶의 태도를 이상으로 여기는 점이 유교적 가치관에 맞는「오래되고도 좋은 동아시아」이고, 동아시아 지역의 사람들이 거기에 공감을 느꼈다고 그는 지적했다. 또한 홍윤식 교수는, 한류의 범(汎) 동아시아적 확산에 대해서「동아시아인이 오랜 동안에 걸쳐 공유해 온 문화적 동질성의 회복을 의미하는 것이 아닐까」하고 문제제기를 했다.

> 모범 번역

　韓流作品の海外への広がりは、むろん基底文化だけでは説明できない。キリスト教徒が国民の大多数を占めるフィリピンでも、『Jewel in the Palace(チャングムの誓い)』をはじめ韓国作品が好評を博し、地元で「コレアノベラ(Koreanovela)」と呼ばれる連続テレビドラマがお茶の間にすっかり定着した。華人系などの家族を除けば、フィリピン国民の間に儒教的価値観は共有されていない。

　それでも、韓流が非儒教圏を含む東アジアに広がったのは、強引な女性が男性を振り回すコメディー映画『猟奇的な彼女』(クァク・ジェヨン監督、2001年製作)、年上女性のラブコメディー・ドラマ『私の名前はキム・サムスン』(韓国文化放送が2005年放送)など非儒教的な作品作りにも成功したことが大きい。(中略)

　―大野俊,「日本における『韓流』と韓国における『日流』,『メディア文化と相互イメージ形成』より

한류 작품의 해외로의 확산은 물론 기저문화만으로는 설명할 수 없다. 기독교인이 국민의 대다수를 차지하는 필리핀에서도 『Jewel in the Palace(장금의 맹세)』를 비롯해 한국 작품이 호평을 받았고, 그 고장에서 「코리아노벨라(Koreanovela)」라고 불리는 연속 TV 드라마가 거실에 완전히 정착했다. 중국계 등의 가족을 제외하면, 필리핀 국민 사이에 유교적 가치관은 공유되어 있지 않다.

그래도 한류가 비유교권을 포함한 동아시아로 퍼져간 것은 강인한 여성이 남성을 휘두르는 코메디 영화 『엽기적인 그녀』(곽 재용 감독, 2001년 제작), 연상 여성의 러브 코메디·드라마 『내 이름은 김삼순』(한국문화방송이 2005년 방송)등 비유교적인 작품 제작에도 성공한 사실이 크다. (중략)

- 오오노 슌, 「일본에 있어서의 「한류」와 한국에 있어서의 「일류」」, 『미디어 문화와 상호 이미지 형성』에서 발췌

제1부 칼럼 〈고급4〉

日中韓の共通社会問題と経験の共有—高齢化を中心に

小川全夫
(おがわ　たけお)

　日本は既に人口減少期に **1 突入した**と騒がれています。しかし韓国や中国を訪れて、あるいはTVなどの画像を見て、**1 印象づけられる**のは、「若くて元気のいい社会」という東アジア像です。でも日本だって、1970年代は「若くて元気のいい社会」だったのです。

　しかし **2 表面的にはそうであっても、団塊の世代が生まれた後**からは少子化が進み、高齢化も徐々に進行していたのです。その結果が今になって現れたのが人口減少です。1970年代の日本は高度経済成長の真っ只中にあったのですが、まさにその1970年に、日本人口の７％が６５歳以上の人口で占められる高齢化の段階に入っていたのです。そして今や少子高齢化の結果、日本人口は減少する局面に達したのです。性別年齢別人口の変化を、いわゆる人口ピラミッドでみますと、とても「ピラミッド」とはいえない姿になっていきます。むしろ「壷」か「きのこ雲」状の将来が予測されているのです。

　東アジアの中国や韓国のような地域は、今は「若くて元気のいい社会」に見えても、よくよく人口構造をみると、日本と同じような少子高齢化という変化が起きています。例えば中国は、日本が既に1970年代に経験した高度経済成長期を今経験しているといえます。そして2000年には老年人口割合が7％に達しました。これには一人っ子政策という政策的介入の影響が強いといわれます。しかしもしかすると一人っ子政策をやめたとしても昔ほどの出生が生じるとは考えられず、人口ピラミッドの変化をみると、やはり日本と同じような少産少死型の人口構造に変わりつつあるといえます。韓国でも世界で一番子どもの生まれない国になったというので、強い危機感を募らせていますが、こうした事情は、時間的なずれがあるにしろ、共通した日中韓の課題です。

　これまで高齢化というと、**2 欧米の先進国共通の問題であるとみなされ、発展途上国には縁の薄い問題である**かのように考えられてきました。でも国連は1970年代から警鐘を鳴らして、すべての国が高齢化に気づき、政策を展開するように働きかけてきました。そして今では、発展途上国もようやく高齢化についての取り組みが必要になったと感じ始めています。

　とりわけ、東アジアでは、人口高齢化の速度が欧米に比べて格段に速いこと、及びその人口規模が膨大であることなどがあらためて注目されています。そしてその雛型がまさに日本

번역 실무 연습

모범 번역 P.149

제1부 칼럼 〈고급4〉

日中韓の共通社会問題と経験の共有―高齢化を中心に

なのです。日本は総人口に占める65歳以上の人口割合が7％を超えた1970年から、その割合が倍の14％に達した1994年までわずか24年しかかかりませんでした。フランスではこれが115年もかかったのです。高齢化の先進諸国のほとんどが、長い年月を経て高齢化してきたのですが、それらの国と比較すると、日本はその2倍速、3倍速、4倍速で高齢化したといえます。これからの人口高齢化を予測した結果では、韓国が世界で最も早く高齢化するとみられています。中国もまた世界の中では、急速に高齢化する国とみなされています。(中略)

ー小川全夫,「日中韓の共通社会問題と経験の共有ー高齢化を中心に」より

번역 실무 연습

모범 번역 P.151

어구 및 문형 해설

既に	이미. 벌써.		もしかすると	어쩌면. もしかすると彼が正しいかも知れない. (어쩌면 그가 옳을 지도 모른다)
減少期	감소기.			
突入	돌입.		出生	출생. 탄생.
あるいは	또는. 혹은. 더러는. 때로는.		生じる	일어나다. 발생하다. 생기다. -한 결과를 가져오다.
印象づける	강한 인상을 주다. 인상 지우다.			
像	모양. 형상.		少産	소산. 적게 낳는 것.
だって	-라 해도. -일지라도. -도 역시. =でも. 私だっていやです. (나 또한 싫습니다)		少死	소사. 사망자가 적은 것.
			つつ	1. -하고 있다. -중이다. ます형에 붙여서 동작과 작용이 진행 중임을 나타낸다. =ながら. 思いつつ歩く(생각하면서 걷다)
表面的	표면적.			
団塊	(광물 등의)덩어리. 뭉치.			
団塊の世代	1948년을 전후해서 태어난 사람이 많아서 연령별 구성상 두드러지게 팽대한 세대.			2. つつある의 형태로, '-중이다. -하고 있다' 의 뜻. 国民の生活は向上しつつある. (국민의 생활은 향상되어 가고 있다)
徐々	서서히.			
高度経済成長	고도경제성장.			
真っ只中	한가운데. 한복판. 한창 一할 때. 고비.			
まさに	확실히. 틀림없이. 정말로. 바로.		危機感	위기감.
今や	지금이야말로. 바야흐로(=今こそ). 이제는. 이미 (=今では)		募る	더해지다. 격화하다. 점점 심해지다.
			ずれ	차이.
局面	국면.		あるにしろ	있다 해도. にしろ는 특히 예외로써 그것만을 들 이유가 없음을 나타냄. -(한다)해도. -하든 말든. (=にせよ)
達する	이르다. 도달하다.			
性別	성별.			
年齢別	연령별.		欧米	구미. 유럽과 미국을 아우르는 말.
いわゆる	소위. 이른바. 흔히 말하는.		先進国	선진국
ピラミッド	피라미드.		みなす	간주하다.
壷	단지. 항아리.		発展途上国	발전도상국.
きのこ雲	버섯구름. 원자운. きのこ는 버섯.		縁が薄い	인연이 멀다.
予測	예측.		国連	国際連合의 준말. 유엔.
地域	지역.		警鐘を鳴らす	경종을 울리다.
よくよく	자상하게. 충분히. 꼼꼼히. 정성껏.		気づく	깨닫다. 알아차리다.
割合	비율.		働きかける	(적극적으로)작용하다. (상대편이 응하도록)손을 쓰다.
一人っ子	독자. 외아들 혹은 외동딸.			
介入	개입.			
影響	영향.		ようやく	겨우. 간신히. 차차. 점차.

□ 取り組み	대처. 맞붙음. 대전(對戰). 대진(표). 몰두.	□ 超える	초월하다. 넘다. 뛰어나다.
□ とりわけ	특히. 유난히. 그중에서도.	□ わずか	근소함. 조금. 약간. 불과. 사소함. 하찮음.
□ 格段	어떤 사물의 정도의 차가 매우 큰 모양. 각별히. 현격함.	□ 諸国	여러 나라.
□ 速いこと	(こと가 형용사 연체형을 받아서 부사적으로 사용) 빨리. 빠르게. 速いことやってしまえ.(빨리 해 치워)	□ 年月を経る	세월이 흐르다.
□ 膨大	팽대. 부풀어 올라 커짐.		
□ あらためて	다른 기회에. 다시. 새삼스럽게.		
□ 雛型	(작은)모형.		

중요한 번역 포인트

1 突入したと騒がれています(돌입했다고 소란들입니다)

印象づけられるのは、(강한 인상을 받는 것은)

이 두 개의 문장 역시 어떻게 동사 수동형을 자연스럽게 옮기는가의 문제. 기본형 騒ぐ(소란 피우다. 떠들다)가 수동형으로 되어 騒がれる가 된 것이다. 騒がれています를 '소란들입니다(야단들입니다)' 이라고 옮긴 것은 가장 우리말에 자연스러운 표현을 찾기 위해 선택한 것이다. 印象づける(강한 인상을 주다. 인상 지우다)의 수동형 역시 印象づけられる도 '강한 인상을 받는다'고 표현하는 것이 가장 우리말다운 표현일 것이다.

2 表面的にはそうであっても、団塊の世代が生まれた後

(표면적으로는 그렇더라도 단카이(団塊)세대가 태어난 후)

欧米の先進国共通の問題であるとみなされ、発展途上国には縁の薄い問題であるかのように考えられてきました。

(구미(欧美)선진국 공통의 문제라고 여겨졌고, 발전도상국에는 인연이 먼 문제인 것처럼 생각되어 왔습니다)

이 두 개의 문장 번역은 주로 문장체에서 쓰이는 'ーである=だ'의 뜻을 제대로 알고 번역하는가에 초점이 맞춰진다. 表面的にはそうであっても(표면적으로는 그렇더라도)는 表面的にはそうである(표면적으로는 그렇다)에서 表面的にはそうであっても가 된 것이다. 역시 '先進国共通の問題である' 와 '縁の薄い問題である' 에서의 'ーである' 도 같은 쓰임새이다.

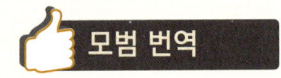

日中韓の共通社会問題と経験の共有ー高齢化を中心に

　日本は既に人口減少期に突入したと騒がれています。しかし韓国や中国を訪れて、あるいはTVなどの画像を見て、印象づけられるのは、「若くて元気のいい社会」という東アジア像です。でも日本だって、1970年代は「若くて元気のいい社会」だったのです。
　しかし表面的にはそうであっても、団塊の世代が生まれた後からは少子化が進み、高齢化も徐々に進行していたのです。その結果が今になって現れたのが人口減少です。1970年代の日本は高度経済成長の真っ只中にあったのですが、まさにその1970年に、日本人口の7％が65歳以上の人口で占められる高齢化の段階に入っていたのです。そして今や少子高齢化の結果、日本人口は減少する局面に達したのです。性別年齢別人口の変化を、いわゆる人口ピラミッドでみますと、とても「ピラミッド」とはいえない姿になっていきます。むしろ「壺」か「きのこ雲」状の将来が予測されているのです。
　東アジアの中国や韓国のような地域は、今は「若くて元気のいい社会」に見えても、よくよく人口構造をみると、日本と同じような少子高齢化という変化が起きています。例えば中国は、日本が既に1970年代に経験した高度経済成長期を今経験しているといえます。そして2000年には老年人口割合が7％に達しました。これには一人っ子政策という政策的介入の影響が強いといわれます。しかしもしかすると一人っ子政策をやめたとしても昔ほどの出生が生じるとは考えられず、人口ピラミッドの変化をみると、やはり日本と同じような少産少死型の人口構造に変わりつつあるといえます。韓国でも世界で一番子どもの生まれない国になったというので、強い危機感を募らせていますが、こうした事情は、時間的なずれがあるにしろ、共通した日中韓の課題です。
　これまで高齢化というと、欧米の先進国共通の問題であるとみなされ、発展途上国には縁の薄い問題であるかのように考えられてきました。でも国連は1970年代から警鐘を鳴らして、すべての国が高齢化に気づき、政策を展開するように働きかけてきました。そして今では、発展途上国もようやく高齢化についての取り組みが必要になったと感じ始めています。
　とりわけ、東アジアでは、人口高齢化の速度が欧米に比べて格段に速いこと、及びその人口規模が膨大であることなどがあらためて注目されています。そしてその雛型がまさに日本なのです。

한중일의 공통 사회문제와 경험의 공유-고령화를 중심으로

일본은 이미 인구 감소기에 돌입했다고 소란들입니다. 그러나 한국이나 중국을 방문하고, 혹은 TV 등의 영상을 보고 강한 인상을 받는 것은, 「젊고 활기찬 사회 」라는 동아시아 상입니다. 그렇지만 일본 역시 1970년대에는「젊고 활기찬 사회」였습니다.

그러나 표면적으로는 그렇더라도 단카이(団塊) 세대가 태어난 후부터는 소자화(少子化)가 진행되었고, 고령화도 서서히 진행하고 있었습니다. 그 결과가 지금에서야 나타난 것이 인구 감소입니다. 1970년대의 일본은 한창 고도경제성장기에 있었습니다만, 바로 그 1970년에, 일본인구의 7%가 65세 이상의 인구로 차지하게 되는 고령화 단계에 들어간 것입니다. 그리고 지금은 소자고령화의 결과, 일본 인구는 감소하는 국면에 도달했습니다. 성별 연령별 인구의 변화를, 이른바 인구 피라미드로 보면, 도저히「피라미드」라고는 할 수 없는 모습으로 되어 갑니다. 오히려 항아리나 버섯구름 모양의 장래(미래)가 예측되고 있습니다.

동아시아의 중국이나 한국과 같은 지역은 지금은 「젊고 활기찬 사회」로 보여도, 꼼꼼히 인구 구조를 보면, 일본과 비슷한 소자 고령화 라는 변화가 일어나고 있습니다. 예를 들면, 중국은 일본이 이미 1970년대에 경험한 고도경제 성장기를 지금 경험하고 있다고 할 수 있습니다. 그리고 2000년에는 노년 인구 비율이 7%에 달했습니다. 여기에는 한 아이 정책이라는 정책적 개입의 영향이 강하고들 말합니다. 그러나 어쩌면 한 아이 정책을 그만둔다고 해도 옛날만큼의 출생이 생긴다고는 생각할 수 없으며, 인구 피라미드의 변화를 보면, 역시 일본과 비슷한 소산소사형(少産少死型)의 인구구조로 바뀌고 있다고 할 수 있습니다. 한국도 세계에서 가장 아이가 태어나지 않는 나라가 되었다고 하니까, 강한 위기감이 점점 더해 가고 있습니다만, 이러한 사정은 시간적인 차이가 있다 해도 공통된 한중일의 과제입니다.

이제까지 고령화라고 하면, 구미(欧美) 선진국 공통의 문제라고 여겨졌고, 발전도상국에는 인연이 먼 문제인 것처럼 생각되어 왔습니다. 하지만 국제연합은 1970년대부터 경종을 울려서, 모든 나라가 고령화를 깨닫고, 정책을 전개하도록 손을 써 왔습니다. 그리고 지금은 발전도상국도 점차 고령화에 대한 대처가 필요해졌다고 느끼기 시작하고 있습니다.

특히 동아시아에서는 인구 고령화의 속도가 구미에 비해서 현격히 빠르게, 그리고 그 인구 규모가 팽대하다는 사실 등이 새삼 주목받고 있습니다. 그리고 그 모형이 바로 일본인 것입니다.

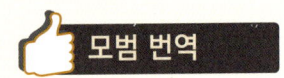

　日本は総人口に占める65歳以上の人口割合が7％を超えた1970年から、その割合が倍の14％に達した1994年までわずか24年しかかかりませんでした。フランスではこれが115年もかかったのです。高齢化の先進諸国のほとんどが、長い年月を経て高齢化してきたのですが、それらの国と比較すると、日本はその2倍速、3倍速、4倍速で高齢化したといえます。これからの人口高齢化を予測した結果では、韓国が世界で最も早く高齢化するとみられています。中国もまた世界の中では、急速に高齢化する国とみなされています。（中略）

　　　　　　　　　　　－小川全夫,「日中韓の共通社会問題と経験の共有－高齢化を中心に」より

일본은 총인구에서 차지하는 65세 이상의 인구 비율이 7%를 넘은 1970년부터, 그 비율이 배인 14%에 달한 1994년까지 불과 24년밖에 걸리지 않았습니다. 프랑스에서는 이것이 115년이나 걸렸습니다. 고령화 선진 여러 나라 대부분이 오랜 세월을 거쳐 고령화 해 왔습니다만, 그들 나라와 비교하면 일본은 그 2배 속도, 3배 속도, 4배 속도로 고령화했다고 할 수 있습니다. 앞으로의 인구 고령화를 예측한 결과로는, 한국이 세계에서 가장 빨리 고령화한다고 보여 집니다. 중국도 또한 세계에서 급속하게 고령화하는 나라라고 여겨집니다.   (중략)

- 오가와 타케오, 「한중일의 공통 사회 문제와 경험의 공유 - 고령화를 중심으로」에서 발췌

제2부

한국에 출판된 주요 일본문학작품의 번역, 그 실제 사례

1. **나쓰메 소세키(夏目漱石)** ─ 草枕 (풀 베개)
   ─ 十夜夢 (열흘 밤의 꿈)
   ─ 坊っちゃん (도련님)
   ─ 一夜 (하룻밤)

2. **아쿠타가와 류노스케(芥川竜之介)** ─ 或阿保の一生 (어느 바보의 일생)
   ─ 歯車 (톱니바퀴)
   ─ 鼻 (코)

3. **아리시마 타케오(有島武郎)** ─ カインの末裔 (카인의 후예)
4. **기쿠치 칸(菊池寬)** ─ 第二の接吻 (2번째 키스)

5. **다야마 카타이(田山花袋)** ─ 少女病 (소녀병)
6. **하야시 후미코(林芙美子)** ─ 晩菊 (철 늦은 국화)

제2부 한국에 출판된 주요 일본문학작품의 번역, 그 실제 사례

1-1. 나쓰메 소세키 (夏目漱石):

『草枕』

　二

　「おい」と声を掛けたが返事がない。

　軒下から奥を覗くと煤けた障子が立て切ってある。向う側は見えない。五六足の草鞋が淋しそうに庇から吊されて、屈托気にふらりふらりと揺れる。下に駄菓子の箱が三つばかり並んで、そばに五厘銭と文久銭が散らばっている。

　「おい」とまた声をかける。土間の隅に片寄せてある臼の上に、ふくれていた鶏が、驚ろいて眼をさます。クククク、クククと騒ぎ出す。敷居の外に土竈が、今しがたの雨に濡れて、半分ほど色が変ってる上に、真黒な茶釜がかけてあるが、土の茶釜か、銀の茶釜かわからない。幸い下は焚きつけてある。

　返事がないから、無断でずっと這入って、床几の上へ腰を卸した。鶏は羽搏きをして臼から飛び下りる。今度は畳の上へあがった。障子がしめてなければ奥まで馳けぬける気かも知れない。雄が太い声でこけっこっこと云うと、雌が細い声でけけっこっこと云う。まるで余を狐か狗のように考えているらしい。床几の上には一升枡ほどな煙草盆が閑静に控えて、中にはとぐろを捲いた線香が、日の移るのを知らぬ顔で、すこぶる悠長に燻っている。雨はしだいに収まる。

　しばらくすると、奥の方から足音がして、煤けた障子がさらりと開く。なかから一人の婆さんが出る。

　どうせ誰か出るだろうとは思っていた。竈に火は燃えている。菓子箱の上に銭が散らばっている。線香は呑気に燻っている。どうせ出るにはきまっている。しかし自分の見世を明け放しても苦にならないと見えるところが、少し都とは違っている。返事がないのに床几に腰をかけて、いつまでも待ってるのも少し二十世紀とは受け取れない。ここらが非人情で面白い。その上出て来た婆さんの顔が気に入った。

『풀 베개』
〈책세상〉

『풀 베개』

2

"여보세요"하고 소리쳐 보았지만 대답이 없다.

추녀 밑으로 안을 들여다보니 그을린 장지문이 닫혀 있다. 맞은편은 보이지 않는다. 대여섯 켤레의 짚신이 쓸쓸한 모양새로 차양 끝에 매달려 지친 듯이 흔들흔들 흔들거린다. 그 밑에 막과자 상자 세 개가 나란히 놓여 있고, 옆에는 오 리(厘)짜리 동전(메이지(明治) 33년(1900)에 발행한 오 리의 보조 청동화를 가리킨다)과 분큐 동전(분큐(文久) 3년(1863)부터 게이오(慶應) 3년(1867)까지 에도 막부가 주조한 동전을 가리킨다)이 흩어져 있다.

"여보세요" 하고 또 다시 소리 내어 부른다. 봉당 구석 한 쪽에 치워져 있는 절구 위에, 쭈그리고 앉았던 닭이 놀라서 잠을 깬다. "꼬꼬댁 꼬꼬댁" 하고 소란을 피우기 시작한다. 문지방 바깥에 흙 부뚜막이 지금 내린 비에 젖어 있고, 반쯤 빛이 변한 그 위에 시커먼 차 솥이 걸려 있지만, 흙으로 된 차 솥인지 은으로 된 차 솥인지는 알 수 없다. 다행히 불은 지펴져 있었다.

대답이 없어서 그대로 들어가서 의자에 걸터앉았다. 닭은 퍼덕거리면서 절구에서 뛰어내린다. 이번에는 다다미 위로 올라갔다. 장지문이 닫혀 있지 않으면 안으로 뛰어갈 생각인지도 모른다. 수컷이 굵직한 소리로 "꾸꾸꾸꾸" 하자, 암컷이 가느다란 소리로 "꼬꼬댁 꼬꼬댁" 한다. 마치 나를 여우나 개처럼 생각하는 것 같다. 의자 위에는 한 되짜리쯤 되어 보이는 재떨이가 한가하게 자리를 차지하고 있고, 그 속에는 둘둘 말린 모기향이 시간 가는 줄도 모르는 듯 유유히 연기를 내고 있다. 비는 차츰 가늘어진다.

얼마 후 안쪽에서 발소리가 들리더니 그을린 장지문이 활짝 열린다. 그 속에서 한 할머니가 나온다.

어쨌든 누가 나올 거라고는 생각하고 있었다. 아궁이에 불은 지펴져 있다. 과자 상자 위에는 동전이 흩어져 있다. 모기향이 한가로이 타고 있다. 어쨌거나 누군가 나올 것은 뻔하다. 그러나 가게를 비워 놓고도 걱정이 되지 않아 보이는 것이 도시와는 조금 다르다. 대답이 없는데 의자에 걸터앉아서 언제까지 기다리고 있는 것도 이십 세기와는 조금 어울리지 않는다. 이런 점이 비인정이 않을까 싶어 재미있다. 게다가 나온 할머니의 얼굴이 마음에 들었다.

〈오석륜 옮김, 『풀 베개』, 책세상, 2005, 22-23쪽〉

제2부 한국에 출판된 주요 일본문학작품의 번역, 그 실제 사례

1-2. 나쓰메 소세키 (夏目漱石):

『十夜夢』

第二夜

こんな夢を見た。

和尚の室を退がって、廊下伝いに自分の部屋へ帰ると行灯がぼんやり点っている。片膝を座蒲団の上に突いて、灯心を掻き立てたとき、花のような丁子がぱたりと朱塗の台に落ちた。同時に部屋がぱっと明るくなった。

襖の画は蕪村の筆である。黒い柳を濃く薄く、遠近とかいて、寒むそうな漁夫が笠を傾けて土手の上を通る。床には海中文殊の軸が懸っている。焚き残した線香が暗い方でいまだに臭っている。広い寺だから森閑として、人気がない。黒い天井に差す丸行灯の丸い影が、仰向く途端に生きてるように見えた。

立膝をしたまま、左の手で座蒲団を捲って、右を差し込んで見ると、思った所に、ちゃんとあった。あれば安心だから、蒲団をもとのごとく直して、その上にどっかり坐った。

お前は侍である。侍なら悟れぬはずはなかろうと和尚が云った。そういつまでも悟れぬところをもって見ると、御前は侍ではあるまいと言った。人間の屑じゃと言った。ははあ怒ったなと云って笑った。口惜しければ悟った証拠を持って来いと云ってぷいと向をむいた。怪しからん。

隣の広間の床に据えてある置時計が次の刻を打つまでには、きっと悟って見せる。悟った上で、今夜また入室する。そうして和尚の首と悟りと引替にしてやる。悟らなければ、和尚の命が取れない。どうしても悟らなければならない。自分は侍である。

もし悟れなければ自刃する。侍が辱しめられて、生きている訳には行かない。綺麗に死んでしまう。

『일본 단편소설 걸작선』
〈행복한 책읽기〉

『열흘 밤의 꿈』

둘째 밤

이런 꿈을 꾸었다.

주지의 방을 나와 복도를 따라 내 방으로 돌아오자 등잔불이 희미하게 켜져 있다. 한쪽 무릎을 방석 위에 세우고 심지를 돋웠을 때, 꽃 같은 심지 찌꺼기가 툭 등잔 밑으로 떨어졌다. 동시에 방이 확 밝아졌다.
미닫이에 그려진 그림은 부손(蕪村, 에도시대에 활약했던 하이쿠 시인이자 화가)의 작품이다. 까만 버드나무를 진하고 엷게 원근으로 그렸다. 추워 보이는 듯한 어부가 삿갓을 비스듬히 쓴 채 둑 위를 지나간다. 도코노마에는 해중문주(海中文珠) 족자가 걸려 있다. 타다 남은 향이 어두운 쪽에서 아직도 냄새를 풍기고 있다. 넓은 절이라 그런지 무척이나 조용하다. 인기척이 없다. 검은 천장에 비친 둥근 등잔의 둥근 그림자가 고개를 젖혀 위를 보는 순간에 마치 살아 있는 것처럼 보였다.

무릎을 새운 채 왼손으로 방석을 젖힌 뒤 오른손을 넣어보려고 생각했던 곳에 바로 그놈이 있었다. 있으면 안심이므로 방석을 본래대로 해놓고 그 위에 털썩 주저앉았다.

너는 무사다. 무사라면 깨닫지 못할 리가 없을 거라고 스님이 말했다. 그렇게 언제까지나 깨닫지 못하는 걸 보니, 너는 무사가 아니네.라는 말을 했다. 인간쓰레기네. 라는 말을 했다. 그리고는 화가 났구나 하며 웃었다. 분하다면 깨달은 증거를 가지고 다시 오라고 하며 획 고개를 돌렸다. 괘씸하다.

옆의 큰 방에 자리잡고 있는 벽시계가 다음 시각을 칠 때까지는 꼭 깨달음을 보여주겠다. 깨달은 다음 오늘 밤 다시 입실하는 거다. 그렇게 스님의 목과 깨달음을 맞바꾸겠다. 깨닫지 못하면 스님의 목숨을 뺏을 수 없다. 무슨 수를 써서라도 반드시 깨달아야 한다. 나는 무사다.

만약 깨닫지 못한다면 자진(自盡)하리라. 무사가 수모를 당하고서야 살아 있을 수 없다. 깨끗이 죽고 말겠다.

〈오석륜 옮김,『일본 단편소설 걸작선』,행복한 책읽기, 2009. 229-230쪽〉

1. 나쓰메 소세키(夏目漱石) **157**

제2부 한국에 출판된 주요 일본문학작품의 번역, 그 실제 사례

1-3. 나쓰메 소세키(夏目漱石):

『坊っちゃん』

　ぶうと云って汽船がとまると、艀が岸を離れて、漕ぎ寄せて来た。船頭は真っ裸に赤ふんどしをしめている。野蛮な所だ。もっともこの熱さでは着物はきられまい。日が強いので水がやに光る。見つめていても眼がくらむ。事務員に聞いてみるとおれはここへ降りるのだそうだ。見るところでは大森ぐらいな漁村だ。人を馬鹿にしていらあ、こんな所に我慢が出来るものかと思ったが仕方がない。威勢よく一番に飛び込んだ。続づいて五六人は乗ったろう。外に大きな箱を四つばかり積み込んで赤ふんは岸へ漕ぎ戻して来た。陸へ着いた時も、いの一番に飛び上がって、いきなり、磯に立っていた鼻たれ小僧をつらまえて中学校はどこだと聞いた。小僧はぼんやりして、知らんがの、と云った。気の利かぬ田舎ものだ。猫の額ほどな町内の癖に、中学校のありかも知らぬ奴があるものか。ところへ妙な筒っぽうを着た男がきて、こっちへ来いと云うから、尾いて行ったら、港屋とか云う宿屋へ連れて来た。やな女が声を揃えてお上がりなさいと云うので、上がるのがいやになった。門口へ立ったなり中学校を教えろと云ったら、中学校はこれから汽車で二里ばかり行かなくっちゃいけないと聞いて、なお上がるのがいやになった。おれは、筒っぽうを着た男から、おれの革鞄を二つ引きたくって、のそのそあるき出した。宿屋のものは変な顔をしていた。

　停車場はすぐ知れた。切符も訳なく買った。乗り込んでみるとマッチ箱のような汽車だ。ごろごろと五分ばかり動いたと思ったら、もう降りなければならない。道理で切符が安いと思った。たった三銭である。それから車を傭って、中学校へ来たら、もう放課後で誰も居ない。宿直はちょっと用達に出たと小使が教えた。随分気楽な宿直がいるものだ。校長でも尋ねようかと思ったが、草臥れたから、車に乗って宿屋へ連れて行けと車夫に云い付けた。車夫は威勢よく山城屋と云ううちへ横付けにした。山城屋とは質屋の勘太郎の屋号と同じだからちょっと面白く思った。

『도련님』
〈가지 않은 길〉

『도련님』

뿌우 하고 배가 멈추자, 거룻배가 해안을 떠나 노를 저어 왔다. 사공은 발가벗은 몸에 빨간 훈도시(남성의 성기를 가리는 좁고 긴 천)를 차고 있었다. 야만스러운 곳이다. 하기야 이 더위에서는 옷을 입을 수도 없을 것이다. 햇빛이 강렬해서 물이 유난히 반짝인다. 바라보고만 있어도 눈이 부시다. 승무원에게 물어보니, 나는 여기에서 내려야 한다고 한다. 보기에도 오모리(大森)만한 아주 작은 어촌 마을이다. 사람을 바보 취급하고 있군. 이런 곳에서 어떻게 견딜 수 있을까 하는 생각이 들었지만 어쩔 수 없는 일이다. 거룻배에 가장 먼저 뛰어들었다. 이어서 대여섯 명이 탔다. 큰 상자를 네 개쯤 더 싣고, 빨간 훈도시는 노를 저어 해안으로 되돌아갔다. 나는 뭍에 도착했을 때도 맨 먼저 내렸다. 해변에 서 있던 코흘리개 꼬마를 붙잡고 중학교가 어디인지 물었다. 꼬마는 멍하니 서서 "모르겠는데요."라고 했다. 멍청한 촌놈 같으니. 손바닥만 한 동네에서 중학교가 어디 있는지도 모르는 놈이 어디 있단 말인가. 마침 그때 희한하게 생긴 통소매 옷을 입은 남자가 다가와 따라오라는 손짓을 했다. 뒤따라갔더니 '미나토야'라는 여관으로 데리고 갔다. 여자들이 소리를 맞추어 "올라오세요"하는 바람에 올라가기가 싫어졌다. 문간에 들어서자마자 중학교를 가르쳐 달라고 했다. 중학교는 여기에서 기차로 2리(8킬로미터) 정도 가야한다는 이야기를 듣고 나자 여관에 들어가기가 더 싫어졌다. 나는 통소매 옷을 입은 남자한테서 내 가방을 뺏어 들고 느릿느릿 걸어 나왔다. 여관 사람들은 어리둥절한 얼굴을 하고 있었다.

 정거장은 바로 알 수 있었다. 차표도 손쉽게 샀다. 타고 보니 성냥갑 같은 기차다. 덜거덕덜거덕 한 5분쯤 움직였나 싶더니 어느새 내릴 곳이 되었다. 어쩐지 표가 싸다고 생각했다. 겨우 3전이었다. 인력거를 타고 중학교에 갔더니 이미 수업이 끝난 뒤였고 아무도 없었다. 숙직 담당 선생님은 잠깐 볼일을 보러 나갔다고 사환이 알려 주었다. 참 편한 숙직이 다 있다. 교장이라도 만나 볼까 했지만, 지친 마음에 인력거를 타고 여관으로 가 달라고 했다. 인력거꾼은 힘차게 움직여 '야마시로야'라는 여관 앞에 내려주었다. 야마시로야는 간타로네 전당포 가게 이름과 같아서 조금 흥미로웠다.

〈오석륜 옮김,『도련님』,가지 않은 길, 2013. 22~23쪽〉

제2부 한국에 출판된 주요 일본문학작품의 번역, 그 실제 사례

1-4. 나쓰메 소세키 (夏目漱石):

『一夜』

「描けども成らず、描けども成らず」と椽に端居して天下晴れて胡坐かけるが繰り返す。兼ねて覚えたる禅語にて即興なれば間に合わすつもりか。剛き髯を五分に刈りて髯貯えぬ丸顔を傾けて「描けども、描けども、夢なれば、描けども、成りがたし」と高らかに誦し了って、からからと笑いながら、室の中なる女を顧みる。

竹籠に熱き光りを避けて、微かにともすランプを隔てて、右手に違い棚、前は緑り深き庭に向えるが女である。

「画家ならば絵にもしましょ。女ならば絹を枠に張って、縫いにとりましょ」と云いながら、白地の浴衣に片足をそと崩せば、小豆皮の座布団を白き甲が滑り落ちて、なまめかしからぬほどは艶なる居ずまいとなる。

「美しき多くの人の、美しき多くの夢を……」と膝抱く男が再び吟じ出すあとにつけて「縫いにやとらん。縫いとらば誰に贈らん。贈らん誰に」と女は態とらしからぬ様ながらちょと笑う。やがて朱塗の団扇の柄にて、乱れかかる頬の黒髪をうるさしとばかり払えば、柄の先につけたる紫のふさが波を打って、緑り濃き香油の薫りの中に躍り入る。

『일본 단편소설 걸작선』
〈행복한 책읽기〉

『하룻밤』

"그리려고 해도 이뤄지지 않는다. 그리려고 해도 이뤄지지 않는다……." 하고 마루 끝에 앉아 천하태평인 듯 책상다리를 한 사람이 되풀이한다. 진작부터 외우고 있던 선어(禪語)로, 즉흥이 이루어지면 써먹을 생각일까? 뻣뻣한 머리를 짤막하게 깎고 수염도 없는 둥근 얼굴을 기울이며, "그리려고 하지만 그리려고 하지만, 꿈이기에, 그리려고 하지만, 이루어지기 어렵다" 하고 소리 높여 다 읊조린다. 그리고는 "하하하" 하고 웃으며 방 안에 있는 여인을 돌아본다.

대바구니 속에 뜨거운 불빛을 피해 희미하게 켜놓은 램프 건너편에, 오른쪽에는 선반, 앞에는 초록빛 짙은 정원을 향하고 있는 사람이 여인이다.

"화가라면 그림으로라도 그리겠죠. 여자라면 비단을 틀에 펼쳐 걸고 수라도 놓겠죠." 그렇게 말하면서, 흰 천으로 된 잠옷에서 한쪽 발을 약간 편하게 고쳐 앉으니, 팥빛 방석 밖으로 하얀 발등이 미끄러져 나와 있다. 그 자태가 요염하다고 할 정도는 아니지만 아름다운 자세가 된다.

"아름다운 많은 사람의, 아름다운 많은 꿈을……" 하고 무릎을 안고 있는 남자가 다시 읊어나가는 뒤를 이어, "수는 놓을 수가 있어요. 수를 놓으면 누구에게 보내죠. 보내면 누구에게?" 하고 여인은 일부러 그렇게 하는 것 같지도 않게 하면서도 약간 웃는다. 이윽고 주홍빛을 칠한 부채 자루에 흩트려져 내려와 있는 뺨의 검은 머리카락을 귀찮은 듯이 쓸어올려 젖힌다. 그러자 자루 끝에 달린 자줏빛 실로 만든 술이 물결치고 초록빛 짙은 향유의 향기 속에 뛰어 들어간다.

〈오석륜 옮김, 『일본 단편소설 걸작선』, 행복한 책읽기, 2009. 262-263쪽〉

제2부 한국에 출판된 주요 일본문학작품의 번역, 그 실제 사례

2-1. 아쿠타가와 류노스케 (芥川竜之介):

『或阿保の一生』

　　二　母

　狂人たちは皆同じやうに鼠色の着物を着せられてゐた。広い部屋はその為に一層憂欝に見えるらしかつた。彼等の一人はオルガンに向ひ、熱心に讚美歌を弾きつづけてゐた。同時に又彼等の一人は丁度部屋のまん中に立ち、踊ると云ふよりも跳ねまはつてゐた。

　彼は血色の善い医者と一しよにかう云ふ光景を眺めてゐた。彼の母も十年前には少しも彼等と変らなかつた。少しも、——彼は実際彼等の臭気に彼の母の臭気を感じた。

　「ぢや行かうか？」

　医者は彼の先に立ちながら、廊下伝ひに或部屋へ行つた。その部屋の隅にはアルコオルを満した、大きい硝子の壺の中に脳髄が幾つも漬つてゐた。彼は或脳髄の上にかすかに白いものを発見した。それは丁度卵の白味をちよつと滴らしたのに近いものだつた。彼は医者と立ち話をしながら、もう一度彼の母を思ひ出した。

　「この脳髄を持つてゐた男は××電燈会社の技師だつたがね。いつも自分を黒光りのする、大きいダイナモだと思つてゐたよ。」

　彼は医者の目を避ける為に硝子窓の外を眺めてゐた。そこには空き罐の破片を植ゑた煉瓦塀の外に何もなかつた。しかしそれは薄い苔をまだらにぼんやりと白らませてゐた。

*〈일본어 원문〉 그대로를 실었으므로 해당 지문에는 일본어 고어(古語)가 포함되어 있습니다.

『일본 단편소설 걸작선』
〈행복한 책읽기〉

『어느 바보의 일생』

2. 어머니

광인(狂人)들은 모두 똑같이 쥐색 옷을 입고 있었다. 넓은 방은 그 때문인지 더욱 우울하게 보이는 것 같았다. 그들 중 한 사람은 오르간 앞에 앉아서 찬송가를 계속 열심히 연주하고 있었다. 그와 동시에 그들 중 한 사람은 방 한가운데 서서 춤을 춘다기보다는 껑충껑충 뛰고 있었다.

그는 얼굴빛이 좋은 의사와 함께 이런 광경을 바라보고 있었다. 그의 어머니 역시 십 년 전에는 그들과 조금도 다르지 않았다. 조금도, ---그는 실제로 그들의 냄새에서 그의 어머니의 냄새를 느꼈다.

"그럼 가볼까?"

의사는 그 사람을 앞서서 걸었다. 그리고 복도를 따라 걷다가 어떤 방으로 갔다. 그 방의 한쪽 구석에는 알코올을 가득 채운 커다란 유리 항아리 속에 몇 개의 뇌수(腦髓)가 담겨 있었다. 그는 어떤 뇌수 위에서 희미하게 하얀 것을 발견했다. 그것은 마치 뇌수에 계란 흰자를 조금 떨어뜨린 듯한 모습에 가까웠다. 그는 의사와 마주서서 이야기하면서 한 번 더 자기 어머니를 생각했다.

"이 뇌수를 갖고 있던 사내는 XX전등회사의 기사였는데. 그는 자신을 언제나 검은 빛을 내는 커다란 발전기라고 생각했지."

그는 의사의 눈을 피하기 위해 유리창 밖을 바라보고 있었다. 거기에는 깨진 병 조각을 꽂아놓은 벽돌담 외에는 아무것도 없었다. 그러나 벽돌담 곳곳에는 엷은 이끼가 여기저기 얼룩져 있었다.

〈오석륜 옮김, 『일본 단편소설 걸작선』, 행복한 책읽기, 2009. 64-65쪽〉

제2부 한국에 출판된 주요 일본문학작품의 번역, 그 실제 사례

2-2. 아쿠타가와 류노스케（芥川竜之介）:

『歯車』

　　二　復讐

　僕はこのホテルの部屋に午前八時頃に目を醒ました。が、ベッドをおりようとすると、スリッパアは不思議にも片つぽしかなかつた。それはこの一二年の間、いつも僕に恐怖だの不安だのを与へる現象だつた。のみならずサンダアルを片つぽだけはいた希臘神話の中の王子を思ひ出させる現象だつた。僕はベルを押して給仕を呼び、スリッパアの片つぽを探して貰ふことにした。給仕はけげんな顔をしながら、狭い部屋の中を探しまはつた。
　「ここにありました。このバスの部屋の中に。」
　「どうして又そんな所に行つてゐたのだらう？」
　「さあ、鼠かも知れません。」
　僕は給仕の退いた後、牛乳を入れない珈琲を飲み、前の小説を仕上げにかかつた。凝灰岩を四角に組んだ窓は雪のある庭に向つてゐた。僕はペンを休める度にぼんやりとこの雪を眺めたりした。雪は莟を持つた沈丁花の下に都会の煤煙によごれてゐた。それは何か僕の心に傷ましさを与へる眺めだつた。僕は巻煙草をふかしながら、いつかペンを動かさずにいろいろのことを考へてゐた。妻のことを、子供たちのことを、就中姉の夫のことを。……
　姉の夫は自殺する前に放火の嫌疑を蒙つてゐた。それも亦実際仕かたはなかつた。彼は家の焼ける前に家の価格に二倍する火災保険に加入してゐた。しかも偽証罪を犯した為に執行猶予中の体になつてゐた。けれども僕を不安にしたのは彼の自殺したことよりも僕の東京へ帰る度に必ず火の燃えるのを見たことだつた。僕は或は汽車の中から山を焼いてゐる火を見たり、或は又自動車の中から（その時は妻子とも一しよだつた。）常磐橋界隈の火事を見たりしてゐた。それは彼の家の焼けない前にもおのづから僕に火事のある予感を与へない訣には行かなかつた。
　「今年は家が火事になるかも知れないぜ。」
　「そんな縁起の悪いことを。……それでも火事になつたら大変ですね。保険は碌についてゐないし、……」

＊〈일본어 원문〉 그대로를 실었으므로 해당 지문에는 일본어 고어(古語)가 포함되어 있습니다.

『일본 단편소설 걸작선』
〈행복한 책읽기〉

『톱니바퀴』

2. 복수

나는 이 호텔 방에서 오전 8시께 눈을 떴다. 그렇지만 침대에서 일어서려고 하자, 슬리퍼가 이상스럽게도 한 짝밖에 없었다. 그것은 최근 12년간, 언제나 나에게 공포나 불안 같은 것을 주는 현상이었다. 뿐만 아니라, 샌들을 한쪽 발에만 신고 있는 그리스 신화 속의 왕자를 떠올리게 하는 현상이었다. 나는 벨을 눌러 사환을 불러, 슬리퍼 한 짝을 찾아달라고 했다. 사환은 의아한 표정을 지으면서, 좁은 방안을 이리저리 찾았다.

"여기 있네요, 이 화장실 안에."

"어떻게 또 그런 데 가 있었을까?"

"글쎄요, 쥐가 그랬는지도 모르죠."

나는 사환이 돌아간 뒤에 우유를 넣지 않은 커피를 마시고, 앞의 소설을 끝내려고 했다. 응회암(凝灰巖)으로 네모나게 짠 창문은 눈이 내린 정원을 향해 있었다. 나는 펜을 멈출 때마다, 멍하니, 이 눈을 바라보거나 했다. 눈은 봉오리가 있는 서향(瑞香, 팥꽃나무 과(科)의 상록 관목) 아래 도시의 매연으로 더러워져 있었다. 그것은 무언가 내 마음에 상처를 주는 풍경이었다. 나는 담배를 피우면서, 어느 사이엔가 펜을 움직이지 않은 채 여러 가지 일들을 생각하고 있었다. 아내에 관한 일을, 아이들의 일을, 나아가 자형의 일을.……

자형은 자살하기 전에 방화 혐의를 받고 있었다. 게다가 또한 실제로는 어찌 할 도리가 없었다. 그는 집이 불타기 전에 집값의 두 배나 되는 화재보험에 들어 있었다. 게다가 위증죄를 범했기 때문에 집행유예중인 몸이었다. 그렇지만 나를 불안하게 했던 것은 그의 자살보다도 내가 도쿄로 돌아갈 때마다, 반드시 화재가 난 것을 본 일이었다. 혹은 기차 속에서 산을 태우고 있는 불을 보거나, 혹은 자동차 속에서(그때는 아내와 이이도 함께였다) 도끼와바시(常磐橋) 근방의 화재를 보기도 했다. 그것은 그의 집에 불이 나기 전에도 나에게 화재가 있을 것이라는 예감을 주지 않을 수 없었다.

"올해는 집에 불이 날지도 몰라."

"그런 운 나쁜 일을.…… 그래도 불이 나면 큰일이지요. 보험에도 제대로 들지 못하고……"

〈오석륜 옮김,『일본 단편소설 걸작선』,행복한 책읽기, 2009. 109-111쪽〉

제2부 한국에 출판된 주요 일본문학작품의 번역, 그 실제 사례

2-3. 아쿠타가와 류노스케(芥川竜之介):

『鼻』

　するとある夜の事である。日が暮れてから急に風が出たと見えて、塔の風鐸の鳴る音が、うるさいほど枕に通って来た。その上、寒さもめっきり加わったので、老年の内供は寝つこうとしても寝つかれない。そこで床の中でまじまじしていると、ふと鼻がいつになく、むず痒いのに気がついた。手をあてて見ると少し水気が来たようにむくんでいる。どうやらそこだけ、熱さえもあるらしい。
　――無理に短うしたで、病が起ったのかも知れぬ。
　内供は、仏前に香花を供えるような恭しい手つきで、鼻を抑えながら、こう呟いた。
　翌朝、内供がいつものように早く眼をさまして見ると、寺内の銀杏や橡が一晩の中に葉を落したので、庭は黄金を敷いたように明るい。塔の屋根には霜が下りているせいであろう。まだうすい朝日に、九輪がまばゆく光っている。禅智内供は、蔀を上げた縁に立って、深く息をすいこんだ。
　ほとんど、忘れようとしていたある感覚が、再び内供に帰って来たのはこの時である。
　内供は慌てて鼻へ手をやった。手にさわるものは、昨夜の短い鼻ではない。上唇の上から顋の下まで、五六寸あまりもぶら下っている、昔の長い鼻である。内供は鼻が一夜の中に、また元の通り長くなったのを知った。そうしてそれと同時に、鼻が短くなった時と同じような、はればれした心もちが、どこからともなく帰って来るのを感じた。
　――こうなれば、もう誰も哂うものはないにちがいない。
　内供は心の中でこう自分に囁いた。長い鼻をあけ方の秋風にぶらつかせながら。

『일본 단편소설 걸작선』
〈행복한 책읽기〉

『코』

　그리고 어느 날 밤의 일이었다. 날이 어두워지면서 갑작스레 바람이 불었던 것 같다. 탑 위의 풍경이 우는 소리가 시끄러울 만큼 베갯머리를 울렸다. 게다가 찬 기운까지 더해졌기 때문에 노령인 나이구는 잠을 자려고 해도 잠이 오지 않았다. 그래서 자리 속에서 뒤척이고 있는데, 문득 어느 겨를에 코가 몹시 근지럽다고 느꼈다. 손을 대 보니 약간 물기가 오른 것같이 부풀어 있었다. 아마도 그 자리에만 열이 있는 것 같았다.
　"억지로 짧게 만들었기 때문에 병이 생겼는지도 모른다."
　나이구는 불전에 꽃향을 바칠 때와 같이 공손한 손짓으로 코를 누르면서 이렇게 중얼거렸다.
　이튿날 아침, 나이구가 평소처럼 일찍 잠에서 깨 보니, 절 내의 은행나무와 칠엽수가 하룻밤 사이에 잎을 떨어뜨렸기 때문에, 정원은 마치 황금을 뿌린 듯이 밝았다. 탑 지붕에 서리가 내린 탓일 것이다. 아직도 희뿌연 아침 해에 탑 정상의 구륜(九輪)이 눈부시게 빛나고 있다. 젠치 나이구는 발을 들어 올린 처마 밑에 서서 긴 숨을 들이마셨다.
　거의 잊혀져가던 어떤 감각이 다시 나이구에게로 돌아온 것은 바로 이 때였다.
　나이구는 황급히 코에 손을 가져갔다. 손에 닿는 것은 어젯밤의 짧은 코가 아니었다. 윗입술 위에서 턱 아래까지 대여섯 치 넘게 매달려 늘어져 있던 옛날의 긴 코였다. 나이구는 코가 하룻밤 사이에 원래대로 다시 길어진 것을 알았다. 그와 동시에 코가 짧아졌던 때와 마찬가지로 명랑한 마음이 어디서부터인지 모르게 돌아오는 것을 느꼈다.
　"이렇게 되면 분명히 이제 웃는 사람은 아무도 없을 것이다."
　나이구는 마음속으로 이렇게 자신에게 중얼거렸다. 긴 코를 새벽 무렵의 가을바람에 흔들거리면서.

〈오석륜 옮김, 『일본 단편소설 걸작선』, 행복한 책읽기, 2009. 57-59쪽〉

제2부 한국에 출판된 주요 일본문학작품의 번역, 그 실제 사례

3. 아리시마 타케오 (有島武郎):

『カインの末裔』

（一）

　長い影を地にひいて、痩馬の手綱を取りながら、彼は黙りこくって歩いた。大きな汚い風呂敷包と一緒に、章魚のように頭ばかり大きい赤坊をおぶった彼の妻は、少し跛脚をひきながら三、四間も離れてその跡からとぼとぼとついて行った。

　北海道の冬は空まで逼っていた。蝦夷富士といわれるマッカリヌプリの麓に続く胆振の大草原を、日本海から内浦湾に吹きぬける西風が、打ち寄せる紆濤のように跡から跡から吹き払っていった。寒い風だ。見上げると八合目まで雪になったマッカリヌプリは少し頭を前にこごめて風に歯向いながら黙ったまま突立っていた。昆布岳の斜面に小さく集った雲の塊を眼がけて日は沈みかかっていた。草原の上には一本の樹木も生えていなかった。心細いほど真直な一筋道を、彼れと彼れの妻だけが、よろよろと歩く二本の立木のように動いて行った。

　二人は言葉を忘れた人のようにいつまでも黙って歩いた。馬が溺りをする時だけ彼れは不性無性に立どまった。妻はその暇にようやく追いついて背の荷をゆすり上げながら溜息をついた。馬が溺りをすますと二人はまた黙って歩き出した。

　「ここらおやじが出るずら」

　四里にわたるこの草原の上で、たった一度妻はこれだけの事をいった。慣れたものには時刻といい、所柄といい熊の襲来を恐れる理由があった。彼れはいまいましそうに草の中に唾を吐き捨てた。

　草原の中の道がだんだん太くなって国道に続く所まで来た頃には日は暮れてしまっていた。物の輪郭が円味を帯びずに、堅いままで黒ずんで行くこちんとした寒い晩秋の夜が来た。

『일본 단편소설 걸작선』
〈행복한 책읽기〉

『카인의 후예』

（1）

땅 위에 긴 그림자를 끌며 야윈 말의 고삐를 쥔 채 그는 아무 말 없이 걸어가고 있었다. 때 묻은 큼지막한 보따리와 함께, 문어처럼 머리통만 큰 어린애를 업은 그의 아내는 조금 다리를 절면서 서너 간(間, 한 간은 약 1.8미터) 떨어진 채 터벅터벅 그 뒤를 따라갔다.

홋카이도(北海道)의 겨울은 하늘마저 다가오고 있었다. 에조후지(蝦夷富士)라고 불리는 막카리누부리의 산기슭으로 이어지는 이부리(胆振)의 대초원을, 동해(東海)에서 우치우라만(内浦湾)으로 불며 지나가는 서풍이, 밀어닥치는 파도처럼 꼬리에 꼬리를 물고 불고 지나갔다. 차가운 바람이다. 바라보니 거의 8할 정도가 눈에 덮인 막카리누부리산은 조금 앞으로 머리를 숙이고 바람에 항거하면서 아무런 말없이 꼿꼿이 서 있었다. 곤부다케(昆布嶽) 봉우리의 경사면에 옹기종기 모여 있는 구름덩이에 눈길을 주며 해는 기울어가고 있었다. 초원 위에는 한 그루의 나무도 자라고 있지 않았다. 무척이나 곧은 외줄기 길을, 그와 그의 아내만이 휘청휘청 걸어가는 두 그루의 나무처럼 움직여 갔다.

두 사람은 말을 잊어버린 사람들처럼 언제까지나 아무런 말없이 걸었다. 말이 오줌을 눌 때만 그는 마지못해 걸음을 멈췄다. 그 틈을 타서 아내는 겨우 뒤쫓아 와서 등에 업은 아이를 추슬러 올리면서 한숨을 쉬었다. 말이 오줌을 누고나자 또 다시 두 사람은 아무런 말없이 걷기 시작했다.

"이 쯤에서 영감(곰을 말함)이 나온다고 했는데."

40리나 되는 이 초원에서, 아내는 단 한 번 이 말만 했다. 경험이 있는 사람에게는 시각으로 보나 장소로 보나, 곰의 습격을 무서워할 만한 이유가 있었다. 그는 못마땅하다는 듯이 풀 위에 침을 뱉었다.

초원 속의 길이 점점 넓어져서 국도로 이어지는 곳까지 왔을 무렵에는 해는 이미 저물어 버렸다. 물체의 윤곽이 둥그스름한 느낌을 주지 못하고 딱딱한 채로 어두워져가는, 쌀쌀하게 추운 늦가을의 밤이 찾아온 것이다.

〈오석륜 옮김, 『일본 단편소설 걸작선』, 행복한 책읽기, 2009. 155-156쪽〉

제2부 한국에 출판된 주요 일본문학작품의 번역, 그 실제 사례

4. 기쿠치 칸 (菊池寬):

『第二の接吻』

かくれんぼ

コツコツとかすかなノック。
「おは入り!」と云うと、美智子の眉の長い可愛い顔がのぞき込む。
「村川さん、かくれんぼしない?」
「かくれんぼですか、また!」
村川は、少しタジタジとなる。此の川辺家へ来てから、幾度かくれんぼに引き出されたか分らない。
「いいわよ。なさいましょう、ね。村川さん!」
六歳にして、既に女らしい媚態を持つ、おませな現代少女の美智子である。
「ね、お姉さまも、倭文子さんもおは入りになるのよ。いらっしゃいましょう。」
と云って、村川は此の可愛い強請を、断らねばならぬほど用のある身体でもない。まして、今日は日曜の午後である。
村川は、此の四月に京都大学の法科を出て上京して以来、下宿を見つけるまでのしばらくを此の川辺家に寄寓しているのだが、彼は、此の家の主人から、ずっと前から世話になっている。高等学校時代からの学資も、此の家の主人の尽力で、実業家の今井当之助から出してもらった。彼が卒業すると、すぐ今井商事会社に勤めることになったのも、一つはその恩義に報いるためである。
彼は、秀才で美男であった。しかも、近代的な美男であった。二三年振りに、彼に会った此の家の長女の京子が、「村川さんは、ラモン・ナヴァロに似ていやしない?」と、従姉妹の倭文子にささやいたほどである。
「ええ似ているわ。でもナヴァロよりは顔が短いわ。」
「そうかしら。でも、眼付なんか、そっくりだわ。」
そう言って、活動好きの二人が話し合った。だが、村川は此の色男役のスターよりも、もっと背が高く堂々としていた。だが、肉感的な頬、愛嬌のある眼付、物怖ぢしたような温厚な風貌は共通していた。
村川は、美智子に促し立てられて、かくらんぼに参加するために階下に降りた。階下の座敷には京子や倭文子が彼を待ち受けていた。京子に気に入りの小間使の一枝もいた。
京子は、今年二十一になっていた。背のスラリとした、美しい女である。輝かしいほどの美貌であるが、ただ額が少し広すぎるのと、鼻があまり端麗なので、人に高圧的な印象を与えた。
「まあ! 村川さん、到頭ひっぱり出されたのねぇ。」

『2번째 키스』

숨바꼭질

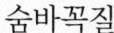

『2번째 키스』
〈개미〉

똑똑. 문 두드리는 가벼운 소리가 들려왔다.
"들어와요!"
눈썹이 긴 미치고는 귀여운 얼굴을 빠끔히 들이밀었다.
"무라가와 아저씨, 숨바꼭질 안 하실 거예요?"
"숨바꼭질 말이니, 또?"
무라가와는 조금 멈칫했다. 가와베 씨 댁에 와서 벌써 몇 번이나 숨바꼭질에 끌려 나갔는지 모른다.
"좋죠, 해요, 네, 무라가와 아저씨!"
미치코는 여섯 살 인데도 벌써 여자 특유의 애교가 묻어나는 조숙한 분위기의 소녀였다.
"저 큰언니와 시즈코 언니도 들어올 거예요. 어서 가세요!"
무라가와는 사실, 이 귀엽고 끈덕진 청을 거절해야 할 만큼 바쁜 몸도 아니었다. 하물며 지금은 일요일의 오후가 아닌가.

무라가와는 올 4월에 교토대학 법대를 졸업하고 상경한 후 하숙집을 구할 때까지 가와베 씨 댁에 잠시 머무르고 있는 중이었다. 그는 이 집 주인과는 고등학교 때부터 특별한 인연이 있는 사이였다. 가와베 씨의 도움으로 사업가인 이마이 토노스케로부터 장학금을 받았으므로, 지금은 이마이상사(今井商事)에 근무하며 이마이 씨의 일을 돕고 있는 중이었다.

무라가와는 수재이면서도 미남이었다. 그것도 아주 서구적인 미남이었다. 2, 3년 만에 만난 이 집 맏딸인 교코가, "무라가와 씨는, 라몬 나바로와 닮은 것 같애" 라고 사촌 여동생인 시즈코에게 속삭일 정도였다.
"정말 닮았어요. 그런데 나바로보다는 얼굴이 좀 짧아."
"글쎄, 그런가? 근데 눈 모습 같은 건 아주 쏙 빼 닮았어."
영화를 좋아하는 두 아가씨가 무라가와를 두고 이야기를 주고받았다. 무라가와는 그 영화배우보다도 훨씬 키나 몸집이 커 보였지만 육감적인 양볼, 애교 있는 눈매, 순해 보이는 온후한 외모 등 전체 이미지는 상당히 닮아보였다.

미치코가 재촉을 하자, 무라가와는 함께 숨바꼭질을 하기 위해 아래층으로 내려갔다. 아래층 손님용 거실에는 교코와 시즈코가 그를 기다리고 있었다. 교코를 따라다니며 그녀를 도와주는, 그녀의 도우미쯤 되는 가즈에도 있었다.

교코는 올해 21살이었다. 늘씬한 키에 눈부실 정도로 아름다운 외모를 지니고 있었다. 다만 이마가 너무 넓은 것과 코가 지나치게 높아 사람들에게 고압적인 인상을 주는 타입이었다.
"어머나 무라가와 씨, 드디어 끌려오셨군요."

〈오석륜 옮김, 『2번째 키스』, 개미, 2004, 11-13쪽〉

제2부 한국에 출판된 주요 일본문학작품의 번역, 그 실제 사례

5. 다야마 카타이 (田山花袋):

『少女病』

　二

　この娘は自分を忘れはすまいとこの男が思ったのは、理由のあることで、それにはおもしろいエピソードがあるのだ。この娘とはいつでも同時刻に代々木から電車に乗って、牛込まで行くので、以前からよくその姿を見知っていたが、それといってあえて口をきいたというのではない。ただ相対して乗っている、よく肥った娘だなアと思う。あの頬の肉の豊かなこと、乳の大きなこと、りっぱな娘だなどと続いて思う。それがたび重なると、笑顔の美しいことも、耳の下に小さい黒子のあることも、こみ合った電車の吊皮にすらりとのべた腕の白いことも、信濃町から同じ学校の女学生とおりおり邂逅してはすっぱに会話を交じゆることも、なにもかもよく知るようになって、どこの娘かしらん？　などとその家、その家庭が知りたくなる。

　でもあとをつけるほど気にも入らなかったとみえて、あえてそれを知ろうともしなかったが、ある日のこと、男は例の帽子、例のインバネス、例の背広、例の靴で、例の道を例のごとく千駄谷の田畝にかかってくると、ふと前からその肥った娘が、羽織りの上に白い前懸けをだらしなくしめて、半ば解きかけた髪を右の手で押さえながら、友達らしい娘と何ごとかを語り合いながら歩いてきた。いつも逢う顔に違ったところで逢うと、なんだか他人でないような気がするものだが、男もそう思ったとみえて、もう少しで会釈をするような態度をして、急いだ歩調をはたと留めた。娘もちらとこっちを見て、これも、「ああの人だナ、いつも電車に乗る人だナ」と思ったらしかったが、会釈をするわけもないので、黙ってすれ違ってしまった。男はすれ違いざまに、「今日は学校に行かぬのかしらん？　そうか、試験休みか春休みか」と我知らず口に出して言って、五、六間無意識にてくてくと歩いていくと、ふと黒い柔かい美しい春の土に、ちょうど金屏風に銀で画いた松の葉のようにそっと落ちているアルミニウムの留針。

　娘のだ！
　いきなり、振り返って、大きな声で、
　「もし、もし、もし」
　と連呼した。

『일본 단편소설 걸작선』
〈행복한 책읽기〉

『소녀병』

2

　이 아가씨가 자신을 잊었을 리가 없다고 이 남자가 생각한 것은 그만한 이유가 있었다. 거기에는 재미있는 에피소드가 있다. 이 아가씨와는 언제라도 같은 시각에 요요기 역에서 전차를 타고, 우시고메(牛込)까지 가기 때문에, 이전부터 그 모습을 자주 보아 왔지만, 굳이 그것을 말하려는 것은 아니다. 단지 자신의 맞은편에 타고 있는 그녀를 보았을 때, 살이 찐 아가씨구나 하는 생각을 했다. 볼살이 통통하고 커다란 가슴에 괜찮은 아가씨로구나 하는 생각은 계속하고 있었다. 그렇게 마주치는 일이 거듭되면서, 웃는 얼굴이 아름답다는 것도, 귀 밑에 자그마한 사마귀가 있다는 것도, 복잡한 전차에서 손잡이를 잡으려고 날씬하게 내민 팔이 하얗다는 것도, 시나노마치(信濃町)에서 이따금씩 같은 학교 여학생과 만나면 깔깔대며 이야기를 나눈다는 것도 알게 되었다. 이런저런 모든 것을 알게 되자, 어느 댁 아가씨일까? 등등 그 집과 그 가정에 대해서도 알고 싶어졌다.

　그렇지만 뒤따라갈 정도로 마음에 드는 것은 아닌 것 같았다. 굳이 그것을 알려고도 하지 않았는데, 그러던 어느 날의 일이다. 남자는 여느 때처럼 모자를 쓰고, 늘 입고 다니던 인버네스에 같은 양복, 같은 신발을 신고, 늘 그랬던 것처럼, 센다가야의 논두렁길에 다다랐을 때였다. 갑자기 그 통통한 아가씨가 하오리 위에 하얀 앞치마를 단정치 못하게 묶고, 절반쯤은 흐트러신 머리카락을 오른손으로 누르면서 친구인 듯한 아가씨와 무언가를 서로 얘기하면서 걸어왔다. 늘 보는 얼굴을 다른 곳에서 만나면 왠지 타인처럼 느껴지는 경우가 있는데, 남자도 그런 생각이 들어서인지 잠시 후에 가벼운 목례라도 할 태도를 취하며, 서두르던 발걸음을 딱 멈추었다. 아가씨도 흘끔 이쪽을 보고는, '아아, 그 사람이구나. 언제나 전차를 같이 타는 사람' 하는 생각을 하는 것 같았지만, 가벼운 목례를 하지도 않고 아무 말 없이 지나쳐버렸다. 남자는 그녀와 스쳐 지나치면서, 오늘은 학교에 가지 않는 걸까. 그런가. 시험 끝나고 휴일인가 아니면 봄방학인가? 하고, 자신도 모르게 그런 말을 입 밖으로 내뱉고는, 무의식적으로 대 여섯 발자국 정도 앞으로 걸어 나갔을 때였다. 문득 검고 부드럽고 아름다운 봄의 대지 위에 마치 금병풍에 은으로 그려 놓은 솔잎처럼 살포시 떨어져 있는 알루미늄 핀이 보였다.

　그 여학생의 것이다.

　갑자기 뒤돌아서서 커다란 소리로,

"여보세요, 여보세요, 여보세요!"

　하고 계속 불렀다.

〈오석륜 옮김,『일본 단편소설 걸작선』, 행복한 책읽기, 2009. 287-288쪽〉

5. 다야마 가타이(田山花袋)　173

제2부 한국에 출판된 주요 일본문학작품의 번역, 그 실제 사례

6. 하야시 후미코 (林芙美子):

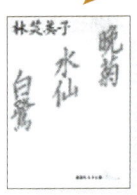

『晩菊』

　きんは、洋服は此時代になるまで一度も着た事はない。すつきりとした真白い縮緬の襟に、藍大島の絣の袷、帯は薄いクリーム色の白筋博多。水色の帯揚げは絶対に胸元にみせない事。たつぷりとした胸のふくらみをつくり、腰は細く、地腹は伊達巻で締めるだけ締めて、お尻にはうつすりと真綿をしのばせた腰蒲団をあてて西洋の女の粋な着つけを自分で考へ出してゐた。髪の毛は、昔から茶色だつたので、色の白い顔には、その髪の毛が五十を過ぎた女の髪とも思はれなかつた。大柄なので、裾みじかに着物を着せゐか、裾もとがきりつとして、さつぱりしてゐた。

　男に逢ふ前は、かならずかうした玄人つぽい地味なつくりかたをして、鏡の前で、冷酒を五勺ほどきゆうとあふる。そのあとは歯みがきで歯を磨き、酒臭い息を殺しておく事もぬかりはない。ほんの少量の酒は、どんな化粧品をつかつたよりもきんの肉体には効果があつた。薄つすりと酔ひが発しると、眼もとが紅く染まり、大きい眼がうるんで来る。蒼つぽい化粧をして、リスリンでといたクリームでおさへた顔の艶が、息を吹きかへしたやうにさえざえして来る。紅だけは上等のダークを濃く塗つておく。紅いものと云へば唇だけである。きんは、爪を染めると云ふ事も生涯した事がない。老年になつてからの手はなほさら、そうした化粧はものほしげで貧弱でをかしいのである。乳液でまんべんなく手の甲を叩いておくだけで、爪は癇症なほど短く剪つて羅紗の裂で磨いて置く。長襦袢の袖口にかいま見える色彩は、すべて淡い色あひを好み、水色と桃色のぼかしたたづななぞを身につけてゐた。香水は甘つたるい匂ひを、肩とぼつてりした二の腕にこすりつけておく。耳朶なぞへは間違つてもつけるやうな事はしないのである。きんは女である事を忘れたくないのだ。世間の老婆の薄汚なさになるのならば死んだ方がましなのである。

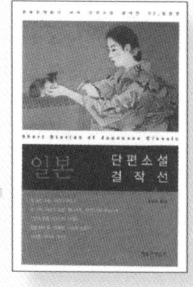

『일본 단편소설 걸작선』
〈행복한 책읽기〉

『철 늦은 국화』

긴은 지금까지 한 번도 양장을 입어 본 적이 없었다. 산뜻하고 새하얀 비단 옷깃에, 여린 남빛으로 염색한 겹옷, 허리띠는 엷은 크림색에 흰 줄무늬가 있는 하카타(博多:일본 후쿠오카켄 후쿠오카시의 동부에 위치)지방의 것이었다. 허리띠가 흘러내리지 않도록 매는 물빛 매듭은 가슴 밑에다 눈에 띄지 않게 꼭 묶었다. 가슴은 풍만하게 하고, 허리는 가늘게, 배는 허리띠 밑에 매는 속띠로 바짝 조였다. 엉덩이에는 엷은 비단을 연상케 하는 고시부톤(腰布團:보온용으로 허리에 두르는 작은 이불로 주로 노인이 사용)을 대서, 서양 여인네처럼 멋들어진 옷매무새를 만들어냈다. 머리는 옛날부터 갈색이었기 때문에, 하얀 얼굴과 그 머리가 쉰이 넘은 여자의 머리칼이라고는 생각되지 않았다. 몸집이 커서 옷자락을 짧게 해 기모노를 입는 탓인지 옷자락 끝은 말쑥했다.

남자를 만나기 전에는 반드시 이런 기생다우면서도 수수한 단장을 하고, 거울 앞에서 차가운 정종을 다섯 잔 정도 단숨에 마신다. 그런 후에는 칫솔로 양치질을 해서 술 냄새를 없애는 것도 잊지 않는다. 약간의 술은 그 어떤 화장품을 쓰는 것보다도 긴의 몸에 효과를 주었다. 희미하게 취기가 오르면 눈 밑이 붉게 물들고, 커다란 눈이 촉촉해진다. 푸른빛이 도는 화장을 하고 글리세린으로 갠 크림을 바르면 얼굴에 윤기가 되살아난 것처럼 유난히 맑아졌다. 립스틱만은 고급스러운 것으로 골라 짙게 발라둔다. 붉은빛이라고는 입술뿐이다. 긴은 손톱도 평생 물들여 본 적이 없었다. 나이 든 여인의 손치장이란 더욱 욕심스러우면서도 빈약해 보이고 이상한 것이다. 로션을 손등 여기저기에 바르고 두드린다. 손톱은 병적일 정도로 짧게 깎아 모직 조각으로 닦아주었다. 기다란 속옷 소맷부리가 살짝 들여다보이는데, 색채는 모두 엷은 색조를 좋아하여, 물색과 분홍색으로 염색한 옷을 몸에 걸쳤다. 향수는 달콤한 향이 나는 것으로 어깨와 굵어진 두 팔뚝에 발라둔다. 귓불 따위에는 실수로라도 발라 본 적이 없다. 긴은 여자임을 잊고 싶지 않은 것이다. 세상의 여느 노파와 같은 지저분한 모습으로 살아가느니 차라리 죽는 편이 나았다.

〈오석륜 옮김,『일본 단편소설 걸작선』,행복한 책읽기, 2009. 15-17쪽〉

제3부

오석륜 교수가 한국에 소개한
일본문학과 일본문화 관련
주요 번역서 목록

제3부 오석륜 교수가 한국에 소개한 일본문학과 일본문화 관련 주요 번역서 목록

오석륜 옮김, 『도련님』, 가지 않은 길, 2013.
　　　　　(원작, 나쓰메 소세키(夏目漱石)의 『坊っちゃん』)

_____, 『일본 단편소설 걸작선』, 행복한 책읽기, 2009.
　　　　　(원작, 하야시 후미코(林芙美子)의 「晩菊」외)

_____, 『일본초등학교 교과서 작품선』, 다락원, 2007.
　　　　　(원작, 가네코 미스즈(金子みすず)의 「わたしと小鳥とすずと」외)

_____, 『미요시 다쓰지 시선집』, 소화. 2006.
　　　　　(원작, 미요시 다쓰지(三好達治)의 『測量船』외)

_____, 『일본하이쿠 선집』, 책세상, 2006.
　　　　　(원작, 마쓰오 바쇼(松尾芭蕉)의 하이쿠 외)

_____, 『풀 베개』, 책세상, 2005.
　　　　　(원작, 나쓰메 소세키(夏目漱石)의 『草枕』)

_____, 『조선청년 역도산』, 북@북스, 2004,
　　　　　(원작, 무라마쓰 도모미(村松友視)의 『力道山がいた』)

_____, 『2번째 키스』, 개미, 2004.
　　　　　(원작, 기쿠치 칸(菊池寬)의 『第二の接吻』)

_____, 『사랑이 외로운 건 내 전부를 걸기 때문입니다』, 아선미디어, 2001.
　　　　　(원작, 시라토리 하루히코(白取春彦)의 『ニーチェの恋愛論』)

_____, 『밤새워 누군가를 기다려 본 적이 있는 사람에게』, 아선미디어, 2001.
　　　　　(원작, 시라토리 하루히코(白取春彦)의 『アリストレスの恋愛論』)

_____, 『그 때 사랑한다고 말할 걸』, 흥부네박, 2000.
　　　　　(원작, 이토 사치오(伊藤左千夫)의 『野菊の墓』외)

_____, 『태양의 아이』, 개마고원, 1996.
　　　　　(원작, 하이타니 겐지로(灰谷健次郎)의 『太陽の子』)

_____, 『일본대표단편선』1 (공역), 고려원, 1996.
　　　　　(원작, 가와바타 야스나리(川端康成)의 「弓浦市」외)

_____, 『일본대표단편선』2 (공역), 고려원, 1996.
　　　　(원작, 아베 코보(安部公房)의「詩人の生涯」외)

_____, 『일본대표단편선』3 (공역), 고려원, 1996.
　　　　(원작, 오에 겐자부로 (大江健三郎)의「人間の羊」외)

_____, 『한국사람 다치하리 세이슈』, 고려원, 1993.
　　　　(원작, 다카이 유이치(高井有一)의 『立原正秋』)

_____, 『그 여자는 낮은 땅에 살지 않는다』, 책나무, 1990.
　　　　(원작, 아베 코보(安部公房)의 『砂の女』)

日本語 번역
실무 연습

초판발행	2013년 8월 30일
1판 7쇄	2023년 3월 30일
저자	오석륜
책임 편집	조은형, 무라야마 토시오, 김성은
펴낸이	엄태상
마케팅	이승욱, 왕성석, 노원준, 조성민, 이선민
경영기획	조성근, 최성훈, 정다운, 김다미, 최수진, 오희연
물류	정종진, 윤덕현, 신승진, 구윤주
펴낸곳	시사일본어사(시사북스)
주소	서울시 종로구 자하문로 300 시사빌딩
주문 및 교재 문의	1588-1582
팩스	0502-989-9592
홈페이지	www.sisabooks.com
이메일	book_japanese@sisadream.com
등록일자	1977년 12월 24일
등록번호	제 300-2014-31호

ISBN 978-89-402-9125-2 13730

* 이 책의 내용을 사전 허가 없이 전재하거나 복제할 경우 법적인 제재를 받게 됨을 알려 드립니다.
* 잘못된 책은 구입하신 서점에서 교환해 드립니다.
* 정가는 표지에 표시되어 있습니다.